VINDOBONA
VERLAG · SEIT 1946

AF152164

EVA RAGGANA

Mystische BEGEGNUNGEN, zwischen HIMMEL und ERDE

VINDOBONA
VERLAG · SEIT 1946

Bibliografische Information
der Deutschen Nationalbibliothek:

Die Deutsche Nationalbibliothek
verzeichnet diese Publikation in
der Deutschen Nationalbibliografie.
Detaillierte bibliografische Daten
sind im Internet über
http://www.d-nb.de abrufbar.

© 2023 Vindobona Verlag

ISBN 978-3-902935-91-5
Lektorat: Kristina Steiner
Umschlagfotos:
Flowerpistol | Dreamstime.com;
Eva Raggana
Umschlaggestaltung, Layout & Satz:
Vindobona Verlag
Innenabbildungen: Eva Raggana

Die von der Autorin zur Verfügung
gestellten Abbildungen wurden in der
bestmöglichen Qualität gedruckt.

Gedruckt in der Europäischen Union
auf umweltfreundlichem, chlor- und
säurefrei gebleichtem Papier.

Inhaltsverzeichnis

Wort der Autorin

Ich möchte allen Lesern das Wissen geben und vermitteln, dass das Universum uns immer die Hand ausstreckt, wenn wir darum bitten. Alle Erzählungen in diesem Buch beruhen auf wahren Begebenheiten. Die Erzählungen handeln nicht nur von meinen Erlebnissen und meiner Arbeit mit dem Geisterreich, sondern mit ihnen kann in die faszinierende Seelenwelt eingetaucht werden. Dank der Wahrnehmung der geistigen Welt können wir lernen, unseren Alltag zu erleichtern, und z. B. die Fesseln mithilfe der Engel oder der geistigen Welt lösen, die uns jahrelang blockiert haben.

Danksagung

Mein größter Dank gilt meinem Mann, der so geduldig mit mir war und mich auf großartige Weise unterstützt hat. Weiterhin möchte ich mich bei meiner Mama bedanken dass ich an Ihr „üben" konnte und so vieles ausprobieren durfte. Ein weiterer großer Dank geht an meine Kinder, meine restliche Familie, Sonja und meine Klienten für ihre Unterstützung, und für das Vertrauen, das sie mir entgegenbracht haben.

Ein großes Dankeschön geht ebenfalls an mein wunderbares geistiges Team, dem ich auf der schönen Erde begegnet bin und von dem ich geführt werde.

Meine Biografie

Ich möchte mich zunächst kurz vorstellen. Mein Name ist Eva Adamczyk, ich bin verheiratet und habe zwei wunderbare, erwachsene Kinder. Außerdem werden mein Mann und ich in ein paar Monaten Großeltern von Zwillingen meiner Tochter. Ich stamme aus Polen und bin gelernte Malerin und Tapeziererin. Im Jahr 1986 kam ich nach Deutschland und machte mich 1999 als Nageldesignerin selbstständig.

Heute weiß ich, warum ich diesen Beruf ausübe, weil es mir viel Freude bereitet, mit verschiedenen Menschen in Kontakt zu kommen. Schon nach kurzer Zeit habe ich festgestellt, dass die Kunden mich sehr mögen und dass ich mit meiner offenen Art und Ehrlichkeit, oftmals als Lebensberater und Psychologe fungiere. Ich fühle mich geehrt und ernst genommen und bin erfreut, respektiert zu werden.

In der Schule wurde ich oft von anderen Klassenkameraden gehänselt und beschimpft, weil ich sehr zierlich, klein und unscheinbar war. Eben ganz anders als der Rest meiner Klassenkameraden. Wir wohnten in einer sehr ländlichen Gegend, wo jeder jeden kannte.

Mein Interesse an der Schule ging gegen null, und es graute mir davor, zur Schule zu gehen. Meine Tasche war immer so schwer, dass ich gebückt ging. Ich liebte es, allein zu sein und mich mit meinen imaginären Freunden zu unterhalten. Nach meiner Meinung war dies ganz normal und selbstverständlich. Außerdem liebte ich die Dunkelheit, denn dort, wo Licht ist, ist auch Schatten.

Bei Übernachtungen mit Freundinnen habe ich ihnen Angst eingejagt und erzählt, dass in einer dunklen Ecke jemand säße. Alle haben sie sich schreiend unter ihren Decken versteckt und waren so lange darunter, bis sie keine Luft mehr zum Atmen hatten und völlig verschwitzt waren. Ich hatte dabei riesengroßen Spaß.

Nach Schulschluss, auf dem Weg nach Hause, habe ich mich immer laut mit mir selbst unterhalten, sodass die Dorfbewohner meiner Mutter sagten, dass mit mir irgendetwas nicht stimmen würde. Man sieht sie nicht, aber man kann sie schon von Weitem laut reden hören, obwohl niemand bei ihr ist, aber meine Mutter hat das nur entgegengenommen.

Als Kind war es mir egal, ob die Leute mich ernst nahmen oder nicht. Ich hatte meine imaginären Freunde, denen ich meine Traurigkeit mitteilen konnte und die mich dann trösteten und dann war alles bestens für mich.

Mit zwölf Jahren verstarb mein Vater an Krebs. In unserem Land war es früher Sitte, dass die Toten bis zur Beerdigung zu Hause aufgebahrt wurden. Eines Nachmittags war ich allein zuhause, und ich stand vor dem Zimmer, in dem mein Vater aufgebahrt war. Da man laut unserer Tradition von klein auf mit dem Tod konfrontiert wird, hatte ich keine Angst.

Wenn ein Dorfbewohner verstarb, sind wir hingegangen und haben mit den Familien des Verstorbenen Gebete gesprochen, damit die Seele des Toten einen guten Weg ins Licht findet. So wurde ich schon als Kind daran gewöhnt, Leichen zu sehen, und das war auch in Ordnung für mich.

Ich stand also vor dem Zimmer, in dem mein Vater lag, und öffnete ganz langsam die Tür, und da kein Nein erklang, ging ich leise hinein und schloss sie hinter mir zu. Ich ging zu dem aufgebahrten Körper meines Vaters und sprach mit leiser Stimme: „Papa, du siehst so glücklich und friedlich aus." Dann fragte ich ihn, wo er jetzt in diesem Moment angekommen wäre. Da durchfuhr meinen ganzen Körper ein Schauer, und ich wusste, dass er es ist. Ich streichelte sein Gesicht, und es fühlte sich wie Wachs an. Nach ca. eineinhalb Stunden verabschiedete ich mich und ging aus dem Zimmer hinaus.

Meine Mutter erzählte mir, dass wenn ein Verstorbener aus der Kirche im Sarg hinausgetragen wird, dieser sehr schwer ist, weil alle Seelen darauf sitzen und ihn auf seinem letzten Weg begleiten.

Die Begegnung mit der geistigen Welt

Bei meiner Tätigkeit als Nageldesignerin habe ich eine Kundin (Hertha) kennengelernt, die mir sagte, dass ich große Ähnlichkeit mit ihrer besten Freundin hätte. Meine Neugier war geweckt, und ich wollte wissen, wie sie denn so wäre. Als Antwort erhielt ich nur folgende Bemerkung: „Eva, du musst Anne unbedingt kennenlernen. Sie ist ein Medium und sehr hellsichtig."

Meine Alarmglocken klingelten, denn schon seit Kindheitstagen hatte ich den Wunsch, jemanden kennenzulernen, der mit der Geisterwelt, also der paranormalen Welt, zu tun hat, und jetzt war es endlich geschehen.

Vor dem ersten Treffen habe ich mich ein wenig gefürchtet und mich zunächst gedrückt, weil ich die Vorstellung hatte, dass mir eine Hexe mit einer Katze auf der Schulter die Tür öffnen würde.

Zum Glück ist Hertha hartnäckig geblieben und hat mit Anne einen Termin vereinbart. So sind wir dann gemeinsam zu ihr gefahren. Ein wenig Angst hatte ich schon, weil ich nicht wusste, was auf mich zukommt, und ich zum ersten Mal, mit all diesen Dingen direkt konfrontiert wurde.

Bei unserer ersten Begegnung verspürte ich sofort eine Erleichterung und tiefe Verbundenheit zu Anne. Wir waren uns sofort sympathisch, und ich erkannte in ihr meine Seelenverwandte. Eine tiefe Freude durchfuhr mich, und ich fühlte mich sehr wohl.

Nach drei Stunden gemütlicher Sitzung, in der ich viele Informationen von ihr erhielt, musste ich erst einmal alles mental verarbeiten. Ab diesem Moment war ich wachsamer und offener für die geistige Welt. Eines Tages dann verspürte ich eine Art Bewegung in mir und das Gefühl, dass sich etwas verändert hatte, und so begann ich mit der Natur und mit der geistigen Welt zu kommunizieren.

Einige Tage später bin ich meinen gewohnten Weg entlanggegangen und plötzlich sprach eine Stimme zu mir. Wenn du diesen Weg gehst, liegen dort wilde Äpfel. Nimm dir einen Apfel, zerdrücke ihn und rieche daran.

Da kam mir eine Situation mit meiner Großmutter in den Sinn, und als ich meine Augen schloss, erschien mir meine verstorbene Großmutter. Sie wollte mir sagen, wie lieb sie mich hat, und mir war ganz warm ums Herz. In diesem Moment war meine Großmutter ganz anders als früher. Liebevoller.

Ein paar Schritte weiter stand eine Silberpappel, ein gewaltiger Baum. Diese Pappel schaute mich mit seinem Geistergesicht an, das schon sehr alt und voller Poren war. Ich habe den Geist gefragt, ob er mich ein Stück begleiten möchte, und erhielt erst keine Antwort. Doch dann sagte der Geist zu mir, dass er sich in seinem Zuhause sehr wohlfühlt, und ich auf ihn aufpassen solle, sodass keiner ihn verletzt. Bis heute grüßt mich der Geist, wenn ich vorbeikomme.

Meditation

Während meiner Meditation hat mich unerwartet der verstorbene Vater meiner Freundin aufgesucht und mich gebeten, ihr etwas von ihm auszurichten. Er sagte, dass ihm die Konflikte innerhalb der Familie sehr leidtäten und dass meine Freundin eine Schatulle hätte, in der sie einen Ring mit einem wunderschönen Rubinstein aufbewahrt. Sie solle sich daran erinnern, dass dieser Ring ihrer verstorbenen Mama gehörte. Der Vater wollte damit zeigen und sie daran erinnern, dass wenn sie traurig ist oder Probleme hat, ihre geliebte Mama immer bei ihr anwesend ist. Der Ring soll als Symbol der Kraft und des Trosts getragen werden.

Meine Freundin fing daraufhin an, ihre Wohnung nach dieser Schatulle zu durchsuchen und fand sie in einer Schublade. Sie hatte die Schatulle über die Jahre hinweg vergessen.

Erlebnis mit einem Geist (Sucht)

Eines Morgens, am Wochenende, fühlte ich mich irgendwie komisch. Mein Mann schlief noch, und wie fast jeden Morgen wollte ich walken gehen. An diesem Morgen war es sehr heiß, ich fragte meinen Mann, ob er mitkommen möchte, aber er drehte sich nur um und schlief weiter. Ich lief meine gewohnte Strecke von dreieinhalb Stunden und blieb einen Moment stehen.

Ich schloss meine Augen und sah im Geiste ein sehr hässliches Wesen mit komischen Händen auf dem Becken meines Mannes sitzen. Es guckte mich provokant an und zog an einem Zigarettenstummel, bis dieser glühte. Dann sagte es zu mir, der gehört mir und deutete auf meinen schlafenden Mann. (Ich muss dazu sagen, dass mein Mann acht Jahre nicht geraucht hat und dann wieder angefangen hatte. Ich habe zwar mit ihm geschimpft, wegen der Abhängigkeit und den gesundheitlichen Folgen, aber ohne Erfolg.)

Daraufhin habe ich mit der Kreatur geschimpft und ihr gesagt, dass es meinen Mann in Ruhe lassen soll, dass er nicht ihm gehöre und er ihn nicht besiegen würde. Doch die Kreatur entgegnete nur, dass wir das sehen würden, und rauchte die Zigarette zu Ende. Plötzlich entstand rechts und links von mir eine Wand, und aus dieser Wand kamen Hände heraus, mit vielen Lichtern. Daraufhin sagte ich zu ihm: „Guck, das sind deine verstorbenen Verwandten und Fremde, du gehörst hier nicht her. Keiner sieht oder hört dich hier. Geh nach Hause und finde Ruhe." Doch er lachte nur dreckig und sagte, dass er bleiben würde. Dann aber, nach Langem überreden, nahm er einen tiefen Zug von der Zigarette und verschwand schließlich.

Ich ging schnell nach Hause und wollte meinem Mann von dem Erlebten erzählen, aber er war schneller und erzählte mir von einem merkwürdigen Traum, den er gerade gehabt hatte. Der Traum deckte sich mit meinem Erlebnis. Seit diesem Tag hatte mein Mann kein Verlangen mehr nach Zigaretten.

Krafttiere

Am frühen Morgen des 02.07.2009 hat mich eine Krähe geweckt. Da wusste ich sofort, dass heute wieder ein besonderer Tag werden würde. Ich zog mich an und ging walken, so wie jeden Morgen. Dabei begleitete mich auf dem Weg auf dem Feld im physischen Körper die Krähe und sagt mir, dass sie mein Krafttier wäre und mich bei meiner geistigen Reise begleiten würde. Sie würde mir eine andere Ebene zeigen.

Zunächst versuchte ich, sie zu verscheuchen, aber die Krähe war hartnäckig und sprach wieder zu mir, dass ich noch ein weiteres Krafttier hätte. Da nahm ich mir vor, meine Freundin Anne zu kontaktieren. Warum Anne? Weil sie ein begabtes, hellsichtiges Medium ist. Dies tat ich, um mich zu vergewissern, dass ich nicht spinne, aber es bestätigte sich alles als wahr. Das hat mich sehr gestärkt.

Ein paar Wochen später nahm ich dann an einer schamanischen Reise, geleitet durch die Schamanin Sabina, teil. Für mich eine neue, aufregende Erfahrung, um herauszufinden, wer meine Krafttiere sind. Die Trommel ging los, und ich war sehr entspannt und voller Neugier. Ich fühlte, wie die Wärme und Kälte des Raumes mich umhüllte, dies alles erlebte ich auf mentaler Ebene.

Plötzlich befand ich mich in einem unterirdischen Raum, in dem es neblig, moderig und feucht war. Diese Gerüche habe ich wahrgenommen, und dann begegnet mir verschiedenen Tierarten.

Ich versuchte, zu diesen Tieren Kontakt aufzunehmen, aber sie haben mich nicht beachtet, so als ob ich für sie nicht existierte. Also ging ich weiter bis zur Mitte des Raumes, wo ein riesiger Thron stand. Auf diesem Thron saß ein riesiger Adler mit wunderschönem Indianerfederschmuck auf seinem Schädel. Wie selbstverständlich fragte ich ihn, ob er mein Krafttier wäre, aber er verneinte und sagte mit kraftvoller Stimme, dass ich weitergehen und suchen solle.

In Eile ging ich weiter und fragte mich, wer mein Krafttier sein mochte, und ich hatte das Gefühl, ihm jeden Moment zu begegnen. Dann kamen auf einmal alle Tiere zu mir, fesselten mich an einen Balken und mir wurde sehr viel Energie zugeteilt. Ich begann zu zittern und zu weinen und die Energie wurde immer größer. Dann kam ein schwarzer Vogel (die Krähe) aus dem Nebel, setzte sich direkt vor mein Gesicht, und sagte: „Hier bin ich!"

Meine erste Reaktion war Schock. Der Vogel starrte mich an und sagte: „Ich komme aus dem Jenseits und bin dein geistiger Botschafter und dein Krafttier." Er forderte mich auf, ihm einen Befehl zu geben, als Beweis dafür, dass er mir diente. Natürlich wollte ich wissen, ob er alles macht, was ich ihm sage, und er bejahte dies. Ich forderte ihn auf, von meiner einen Hand auf die andere zu springen, was er auch gleichtat. Dann habe ich mental ein Frisbee geworfen und er brachte es mir zurück. Ich war sehr glücklich und wurde von ihm aufgefordert, weiterzugehen.

Mich erwartete ein runder, beleuchteter Raum, und in diesem Raum entdeckte ich ein wunderschönes weißes Einhorn. Voller Stolz stand es vor mir und warf mir einen göttlichen Blick zu. Mit festen Schritten kam es auf mich zu und ging an meine rechte Seite. Die Krähe setzte sich auf seinen Rücken und zu dritt gingen wir langsam, Stufe für Stufe nach oben. Von der Liebe und dem Glück, das mich durchströmte, war ich überwältigt.

Die Krafttiere sind unsere Freunde, und sie unterstützen uns in jeder Hinsicht, wenn wir sie rufen. Diese beiden wunderbaren Krafttiere wichen nicht von meiner Seite, und ich fühlte mich von Tag zu Tag gestärkter. Es ist wie Drachen steigen lassen, ganz leicht steigen sie auf und ich fühle mich glücklich wie ein Kind. Wie bereits erwähnt, liebe ich die Natur und auch die Pflanzen und Tiere.

Vielleicht eine kurze Erklärung, was „Krafttier" bedeutet:

Ein Krafttier, auch Geisttier genannt, ist ein Begriff für ein Geistwesen in Tiergestalt, das in der Esoterik und im Neoschamanismus praktizieren wird. Es wird als spiritueller Wegweiser/Wegbegleiter oder als Seelengefährte beschrieben.

Vision aus einer früheren Inkarnation (Leben)

Eines Nachmittags habe ich mir freigenommen, was als Selbstständige einfacher ist. Also blieb ich zuhause und erfuhr am eigenen Leib eine Episode aus meinem Vorleben.

In einer Trance – d. h. in einem körperlich und seelisch entspannten Zustand versetzt, natürlich ohne Drogen – wurde mir ein Leben gezeigt, dass ich als Kind (Junge) von Schamanen hatte.

Als kleiner Junge von Schamaneneltern lebte ich im Urwald, mein Häuptling (Geist, Verbindung ins Geisterreich) war die Sonne (Gott), und ich konnte mit Tieren reden. Mein Lieblingsplatz war die Krone eines der höchsten Bäume, damit mich die Sonnenstrahlen berühren konnten. Eines Tages entdeckte ich eine Höhle und ging voller Neugier hinein, ohne lange nachzudenken. In dieser Höhle wurde ich von einem Bären angegriffen und verletzt. Ich hatte überall Wunden und dachte, ich müsste sterben.

Mein Vater, ein Schamane und Medizinmann, hat mich gerettet. Er war sehr streng mit mir und meine Mutter ist nie von der Seite meines Vaters gewichen. Ich erinnere mich daran, dass ich meine Mutter sitzend eine Pfeife rauchen sah, und ich fragte sie, warum sie immer sitzen würde. Sie erwiderte, dass ich das nicht sehen sollte, und stand auf.

Sie war mächtig, bis zu drei Meter groß und sagte zu mir: „Wenn du mich im mentalen Zustand siehst, wie ich eine Pfeife rauche, ist es ein Zeichen für dich, dass ich jemanden heile und Energie zusende."

Später wurde mir gezeigt, wie ich heilen kann, und ich wurde vom mächtigen Schamanen in einen anderen Teil der Steppe gebracht, um zu beweisen, dass ich als Teenager zu einem guten Jäger heranwachsen würde. Während dieser Zeit wurde ich von Wilderern gefangen genommen und in einen flachen Käfig gesperrt. Sie stachen mich mit Lanzen, bis ich halb tot war. Dann wurde ich gerettet und man brachte mich zu meiner Familie.

Ich wurde auf einen Rost gelegt, und sie begannen mit einem Ritual. Aus der Ferne konnte ich ein violettes Feuer sehen, und sie legten mir Kräuter, wie Eukalyptus, Kamille und Minze auf die Wunden. Das alles erlebte ich wie in einem Traum und doch spürte ich alles und roch die Kräuter und das Feuer.

Sie sprachen ein Ritual, tanzten und zum Schluss sprach der Schamane zu mir: „Jetzt, bist du bereit, dein Leben zu meistern." Ich erwachte und der Bär wurde zu meinem Begleiter und Krafttier. Der Bär stärkte meine Kräfte, wenn ich als Heiler tätig war, und sein Name war Mato. Der Schamane und das Krafttier verbanden sich mit mir, außerdem noch Elfen und Engel. Natürlich gab es auch noch ein paar andere Geistwesen.

Andere Vorleben

Ritterzeiten (Guillotine)

Ich lebte ganz bescheiden und war als Zauberer unterwegs. Bei Aufführungen bewies ich mein Können. Die Leute mochten mich und wollten immer wieder neue Dinge sehen. Durch meine Kunst erreichte ich die Herzen der Menschen.

Eines Tages wollte ich meinen Lieblingstrick vorführen und bat meine junge Assistentin, mir die Hände auf dem Rücken zu binden, sie sollte mir solch einen Knoten binden, dass ich mich während des Tricks schnell wieder befreien könnte. Aber sie tat, wie ihr befohlen, und ich legte mich unter das Loch der Guillotine. Da merkte ich, dass etwas nicht stimmte, aber es war zu spät. Der Knoten war nämlich ganz anders geknüpft als sonst, und meine Assistentin sprach zu mir: „Es tut mir sehr leid, aber ich tue jetzt, was zu tun ist." In mir tobte die Angst, und in Panik schrie ich laut, aber es war zu spät, das Fallbeil kam und ich war tot.

Wie ich später erfuhr, hatte ich einen Gegner, der böse und eifersüchtig auf mich war. Dieser wollte mich aus dem Weg haben und hatte deshalb meine Assistentin, überredet meinen Knoten falsch zu binden, sodass ich mich nicht mehr befreien konnte. Im Nachhinein habe ich verstanden, warum ich im jetzigen Leben seit meiner Kindheit immer wieder Probleme mit Sprachblockaden und Halsschmerzen hatte. Das bedeutet, dass ich die alte Energie aus dem früheren Leben mitgeschleppt habe.

Im jetzigen Leben wieder begegnet

Eines Tages wollte ich erfahren, was meine Tochter und mich verbindet, natürlich sind wir heute in Liebe miteinander verbunden. Als meine Tochter zwanzig Jahre alt war, hatte ich eine Rückführung durch Meditation in die geistige Welt gemacht. Dabei ist mir mitgeteilt worden, dass meine Tochter die Inkarnation der ehemaligen jungen Assistentin ist. Ich war erst einmal vollkommen geschockt und fragte mich, warum es meine Tochter ist und warum wir jetzt wieder zusammen sind. Da wurde mir gesagt, dass meine Tochter mich ausgesucht hätte, um in mein jetziges Leben zu kommen, um alles wiedergutzumachen und um Vergebung zu bitten.

Alles, was in unserem Leben passiert, hat seinen Grund, und es ist schön zu wissen, um zu vergeben. Dadurch wird alles leichter.

Eines Tages rief mich meine Freundin an und sagte mir, dass sie eine Klientin für mich hätte, die meine Hilfe benötigte. Wir vereinbarten einen Termin, und es stellte sich heraus, dass die Klientin von einem uralten Wesen (Energie) besessen war. Die Klientin war mir nicht gerade sympathisch und nach dem Ritual (Entlassung) war ich erleichtert, dass alles gut verlaufen war. Ein Wesen sprach zu mir und sagte, dass ich diese Frau als Klientin schon sehr lange aus dem früheren Leben kennen würde. Dann zeigte es mir die Vergangenheit und die Situation mit dem bösen Zauberer, der mich durch die Guillotine töten ließ.

Im Jahr 1989 war ich mit meiner Tochter schwanger. Im vierten Monat hatte ich Blutungen und musste ins Krankenhaus. Nach ein paar Tagen konnte ich wieder nach Hause. Jahre danach erfuhr ich von der Schamanin Sabina, dass diese Blutung der Abgang eines Zwillingskindes war und dass dieses tote Kind ein Mädchen war.

Später erinnerte ich mich, dass meine lebende Tochter gerne allein spielte und von einer imaginären Freundin sprach, mit der sie sich unterhielt. Damals habe ich mir dabei nichts gedacht und war der Meinung, dass Kinder eine große Phantasie haben und dass das ganz normal ist.

Wie ich also eines Tages mit Gott (Verbindung ins Geisterreich) sprach, erblickte ich auf einem großen, weißen Vogel ein Mädchen in einem weißen Kleid, ähnlich wie in einem Kommunionskleid, mit einem Gänseblümchenkranz auf dem Kopf, auf mich zukommen. Sie kam aus dem Himmel auf dem sehr großen weisen Vogel und sagte zu mir, dass sie auch eines meiner Kinder wäre. Sie sagte, dass ihr Name Sara wäre und sie auf ihre Geschwister aufpassen würde. Mir kamen Tränen und sie zeigte mir die Szene, als ich damals meinen Zwilling verloren habe. Als ich sie fragte, warum die Ärzte mir damals verschwiegen hatten, dass ich einen Zwilling verloren hatte, erwiderte sie, dass sie sauber abgegangen war ohne Kenntnis der Ärzte. Diese wussten selbst nicht warum. Ich fragte sie, warum sie gestorben war, und sie antwortete mir, dass mir dadurch Kummer erspart werden sollte, da sie sowieso mit neun Jahren verstorben wäre.

Das passiert nun einmal in der Natur. Für mich waren diese Informationen schon sehr emotional, aber es ist auch schön zu wissen, dass die Verstorbenen über die Lebendigen wachen.

Sie sagte, dass sie wieder zu uns kommt, und zwar durch die Geburt meiner Enkelkinder.

Andreas

Eines Sonntags am Morgen war ich in der Kirche und auf einer der Bänke saß ein älterer Mann, den ich vom Sehen her kannte. Plötzlich kam mir ein Gedanke, wenn du (der ältere Herr) wüsstest, wer gerade neben dir steht. Im nächsten Moment zeigte sich der verstorbene Sohn des älteren Mannes mit dem Namen Andreas.

Am nächsten Morgen auf dem Weg zur Arbeit wurde ich von Andreas angesprochen, er bat mich, mit seiner Mutter zu sprechen. Er wollte, dass alle seine Sachen, die er einmal getragen hatte, an Bedürftige verschenkt würden.

Ich muss dazu sagen, dass Andreas zu Lebzeiten 40 Jahre alt und geistig verwirrt war. Bis zu seinem Tod wohnte er bei seinen Eltern.

Außerdem bat er mich darum, seiner Mutter auszurichten, dass er sich mit ihr treffen möchte. Ich erwiderte ihm, dass ich das nicht könne, da ich seine Mama gar nicht kennen würde. Außerdem würde seine Mutter einen Herzinfarkt bekommen und mir gar nicht glauben, aber Andreas blieb hartnäckig und wollte, dass ich sie anrufe.

Da kam mir ein Gedanke. Ich könnte ja seine Schwester anrufen, die bei mir Klientin war. Ich sagte zu ihm: „In Ordnung. Ich mache es, aber du musst mich dabei unterstützen, und wenn du nicht hier bleibst, mache ich gar nichts."

Er war einverstanden und zum Beweis, dass er die Wahrheit sagte, sollte ich nach einem besonderen grünen Teil fragen, und als ich nach ein paar Minuten seine Schwester anrief und ihr schilderte, was mir gerade passiert war, herrschte erst einmal Stille.

Ich fragte sie, ob alles in Ordnung wäre, da antwortete sie nur ja und sagte, dass sie mich gleich zurückrufen würde. Eine Stunde später klingelte mein Telefon, und ich war sehr nervös und gespannt, was noch passieren würde.

Andreas Schwester war am Telefon und erzählte mir, dass sie mit ihrer Mutter gesprochen hätte und diese gerne mit mir sprechen würde. Außerdem hatte sie ihre Mama nach dem besonderen grünen Teil gefragt, das er gerne getragen hat. Ihre Mutter hatte ihr darauf geantwortet, dass sie eine Hose von Andreas gefunden habe, in grasgrün. Da wusste ich, dass er mir die Wahrheit gesagt hatte und vereinbarte einen Termin mit der Mutter.

Ein paar Tage später besuchte mich seine Mutter, und Andreas war auch schon vor Ort. Andreas wollte noch einmal mit seiner Mutter sprechen, sodass sie die Gelegenheit bekommen konnte, sich von ihm zu verabschieden. Dieser Zustand war einfach nur ein wunderbares Gefühl, es kamen zwei unterschiedliche Energien aufeinander zu, und auch ich kam in den Genuss dieser starken Gefühle und konnte das alles beobachten. Als Unterstützung für die Mutter standen Engel neben ihr, und der Raum war von unbeschreiblicher Liebe erfüllt, und durch die Engel befand sich die Mutter in einem geschützten Raum.

Nach diesen ganzen Geschehnissen war seine Mutter erleichtert und sehr glücklich, sie sagte zu mir: „Ich habe ihn tatsächlich gesehen und mit ihm gesprochen. Endlich konnte ich mich von ihm verabschieden. Jetzt werde ich besser schlafen können. Ich bin wirklich erleichtert."

Es war sehr rührend zu sehen, wie sie sich von ihren Schuldgefühlen befreien konnte und ihrem Schmerz. Ich muss dazu sagen, dass Andreas in einer Grube auf einem Feld Tod aufgefunden wurde.

Nach getaner Arbeit stieg ich in mein Auto und fuhr nach Hause und hörte Symphoniemusik. Noch einmal zeigte sich Andreas und bedankte sich bei mir und sagte, dass er jetzt gehen könnte. Für mich war das ein Abschied in Glückseligkeit, zu wissen, dass wieder eine Seele befreit worden war, und mir kamen die Tränen.

Vater

Eines Abends im Dezember war ich allein zuhause, da mein Mann Spätschicht hatte und die Kinder bei Freunden waren. Im Kamin prasselte ein Feuer und draußen waren die Lampen noch an. Ich saß gemütlich im Wohnzimmer und wollte den Fernseher anschalten, als mich ein komisches Gefühl und ein Schauer überkamen, wusste ich nicht, was auf mich zukommt. Der Receiver des Fernsehers, die digitalen Uhren und sogar das Telefon funktionierten auf einmal nicht. Auch der Bewegungsmelder mit Lichtsensor vor dem Hauseingang war nicht an, und plötzlich öffnete sich die Eingangstür. Ich dachte, ich wäre im Halbschlaf, aber nein, das war die Realität.

Eine Gestalt mit Aktentasche stand im Flur und schaute mich an. Leider konnte ich das Gesicht nicht erkennen, weil die Gestalt im Schatten stand.

Ich muss dazu erwähnen, dass unsere Eingangstür mit einem Code gesichert ist und kein Fremder sie somit öffnen kann.

Der Fremde blieb noch einen Moment im Flur stehen und ging dann zu einer Schublade. Das Geräusch der Schublade habe ich wahrgenommen. Es hörte sich so an, wie das Geräusch, wenn mein Mann von der Arbeit kommt und seine Autoschlüssel in die Schublade wirft. Aber als ich in den Flur gegangen bin, war er nicht da, und ich dachte mir: „Hmmmm, komisch, er begrüßt mich gar nicht und geht in den Keller". Ich war zwar nicht beunruhigt, aber trotzdem war da etwas Fremdes. Irgendwie fühlte ich mich orientierungslos, weil ich nicht genau wusste, wie spät es war.

Nach einer Weile fragte ich, ob er nicht nach oben kommen wolle, aber ich erhielt keine Antwort. Nach einiger Zeit gingen draußen der Bewegungsmelder und das Licht an. Ich rannte zur Tür und dachte nur, es ist schon sehr spät für Besuch, und ich erwarte auch niemanden. Also öffnete ich die Tür und mein Mann stand vor mir. Ich fragte ihn, woher er denn kommen würde und schaute ihn dabei entsetzt an. Er fragte mich, ob ich etwas getrunken hätte und dass er natürlich von der Arbeit käme. Es war gerade einmal 22:30 Uhr.

Später stellte sich heraus, dass der Fremde, den ich gesehen hatte, mein verstorbener Vater gewesen war. Er hatte alles so gemacht wie mein Mann, wenn er von der Arbeit kommt, der Schlüsselwurf, das Öffnen der Schublade und der Gang in den Keller, damit ich keine Panik bekomme. Er wollte sich einfach nur von mir verabschieden.

Einweihung

Ich befand mich im mentalen Zustand auf einem großen Berg. Dieser Ort war mir nicht bekannt und mich begleiteten das Einhorn, die Krähe und die Schildkröte. Auch meine verstorbene Tochter Sara begleitete uns, zu Fuß, auf diesen Berg.

An diesem Ort erhielt ich meine Einweihung in Reiki (universelle Lebensenergie), und plötzlich kam Jesus mit der heiligen Mutter Maria, und ich verspürte eine unbeschreibliche Liebe.

Er sprach zu mir: „Siehst du das helle Licht da hinten? Das sind alles die glücklichen Seelen, denen du geholfen hast." „Was für Seelen?", wollte ich von ihm wissen, und er erwiderte: „Die Seelen, die durch deine Hilfe den Weg ins Licht gefunden haben, die du von der Haftung an der Erde befreit hast."

Alles, was ich bis zu diesem Zeitpunkt erlebt hatte, gehörte mit zu meinem Prozess, und ich verstand nun, wie all diese Rückführungen der Seelen ins Licht auch mich beeinflusst hatten. Ich durchlebte in dieser Zeit mit meinem Körper, meinem Geist und meiner Seele ein Verständnis, und all diese Prozesse des Rückführens der angehafteten Seelen war mit Schmerz und Leid verbunden.

Dann erklärte mir Jesus, dass ich nun auch Menschen heilen würde. Die heilige Mutter Maria bestätigte dies nur mit einer Kopfbewegung.

Ich wollte noch weitere Fragen stellen, aber da war die Energie schon zu schwach, und ich kehrte in die Realität zurück.

Begegnung mit gefallenen Engeln

Eines Morgens am Frühstückstisch senkte sich die Decke vom Wohnzimmer sehr tief herunter und öffnete sich. Während ich nach oben schaute, kam so etwas wie eine Nebelwolke herunter, und aus dieser Wolke kamen drei gefallene Engel auf wunderschönen, schwarzen Pferden mit Lanzen und Schwertern wie Krieger herab. Sie standen waagerecht vor mir und dann kam meine verstorbene Tochter Sara in einem schönen, weißen Kleid auf einem weißen Pferd auf mich zugeritten. Sie schwebte vor mir und sagte: „Schütze dich! Hüte dich vor dem Bösen, es kommt etwas auf dich zu." Danach waren alle Reiter, Pferde und Sara plötzlich verschwunden.

Mein Alter Ego kam wieder, und ich sagte mir, was kann schon sein, es ist doch alles in Ordnung. Alles, was ich gehört und gesehen habe, ist nur Blödsinn.

Nach ein paar Wochen bekam mein Sohn David die Diagnose Krebs. Für unsere Familie war dies eine sehr schwere Zeit der Prüfungen. Da erinnerte ich mich daran, was die geistige Welt mir mental gezeigt hatte, und ich verstand, was meine verstorbene Tochter mir sagen wollte. Aber die Engel sprachen zu mir, dass ich keinen weiteren Familienmitgliedern etwas über die Krankheit erzählen darf, da nur Leid entstehen würde und noch mehr Schmerz, was wir nicht brauchen, da die Energie ganz sauber und hell sein muss. Also, wir sprachen mit niemandem darüber, auch unsere engsten Freunde und Bekannten wussten nichts. Wenn jemand Mitleid ausspricht oder sendet, bedeutet dies nichts Gutes, die Energie ist eine sehr schwere Last.

Ich musste dafür sorgen, mich und meine Lieben von der negativen Energie fernzuhalten, um uns zu schützen. Dies geschah durch die Annäherung an die göttliche Energie. Ich wurde als Mutter gebraucht, mit all meinen Kräften. Da meine Energie mit der Zeit geringer wurde, haben mich die geistigen Wesen unterstützt.

Dieses geistige Team hat mit uns zusammengearbeitet. Sie waren mir zu Diensten, meine Krafttiere, die schamanischen Eltern, Engel und Paracelsus haben uns in diesen Prozessen begleitet. Außer dem geistigen Team und seiner heilenden Energie hat mein Sohn Mineralien und Homöopathie erhalten. Seine behandelnden Ärzte haben ihm gedroht und gesagt, dass er ohne eine Chemotherapie und ohne Strahlentherapie keine Überlebenschance hätte. Mein Sohn hatte aber einen sehr starken Willen und entschied sich für die geistige Welt und arbeitete von diesem Tag an mit ihnen zusammen.

An manchen Tagen habe ich mich gefragt, ob das alles nur ein böser Traum ist oder die Realität. In bestimmten Momenten, in denen ich sehr verzweifelt war und viel weinen musste, haben mich die himmlischen Freunde unterstützt und wiederaufgebaut, damit ich Kraft bekam, um für meinen Sohn da zu sein und ihn zu unterstützen.

Manchmal haben wir in der Nacht gearbeitet, wenn absolute Ruhe herrschte. Eines Abends war ich sehr erschöpft und ganz unbewusst habe ich meinem Sohn sozusagen meine verbrauchte Energie und Erschöpfung zugesandt.

Innerhalb von Sekunden kam mir der Gedanke, was machst du hier eigentlich? Zentriere dich und sammle Kraft und geh in das Zimmer deines Sohnes.

Mit seinem Einverständnis habe ich Räucherstäbchen angezündet, damit er sich vollkommen entspannen konnte. Der Rauch legte sich auf seinen ganzen Körper, wie eine Nebeldecke, und es war wie ein Wunder. Die Energie im Raum war leicht und voller Liebe, und das geistige Team war bei uns.

Dann durfte ich miterleben, wie Paracelsus zu operieren begann und alle im Kreis um ihn herumstanden. Eine unbeschreibliche Stille und Heiligkeit herrschten.

Mir wurde gezeigt, was ich machen musste, wie ich energetisch etwas herausholen und herausschneiden konnte. Diese Erfahrung, die ich erlebte, möchte ich nicht missen.

Ich bewunderte meinen Sohn, er war voller Vertrauen, und sein Bauchgefühl sagte ihm, dass die Unpässlichkeit überstanden ist.

Ich bin ein sehr gläubiger Mensch und glaube an Jesus Christus und die heilige Mutter Maria. Meinem Sohn ging es wirklich sehr schlecht, und wir alle in unserer Familie waren in unseren Emotionen gefangen. Keiner konnte darüber sprechen, was werden würde, wenn es mit der Genesung nicht klappte.

An einem Sonntag bin ich in die Kirche gefahren, habe eine Kerze angezündet und vor der heiligen Mutter Maria gekniet und sie um Hilfe gebeten. Kurze Zeit später sprach sie mit sehr sanfter Stimme zu mir: „Ich habe meinen Sohn verloren, aber du wirst deinen behalten." Sie hat natürlich Jesus nicht verloren, sie wollte mir ganz genau deuten, dass alles gut wird.

Es war eine sehr emotionale und authentische Situation, und ich sagte: „Ich vertraue dir, heilige Maria." Nach einer Weile bin ich dann Hause zurückgekehrt.

Durch diese Erfahrung war mein Vertrauen gestärkt, und ich behandelte meinen Sohn zusammen mit dem geistigen Team jeden Tag weiter. Auch mein Sohn war geistig und emotional gestärkt. Er hatte auch die Ernährung drastisch umgestellt, ist viel offener und kommunikativer geworden.

Später erzählte er uns, dass ihm sein Leben bis zu diesem Zeitpunkt ziemlich egal gewesen sei, aber jetzt hätte er Wertschätzung und Dankbarkeit dafür.

Manchmal muss man eine Krankheit durchleben, um die Gesundheit wertschätzen zu können. Sämtliche Konflikte zwischen meinem Sohn und meinem Mann gehörten der Vergangenheit an, und mein Sohn wurde viel zugänglicher und war positiv – wie ausgewechselt. Noch etwas möchte ich erklären: Was sind die schamanischen Eltern? Es ist in einem anderen Kapitel mit dem Titel „Vision aus einer früheren Inkarnation" geschrieben. Schamane zu sein, bedeutet Menschen dabei zu helfen, ihre dunklen Gedanken aus ihrem Schattendasein zu befreien, damit sie die eigene Kraft und das eigene Licht wieder spüren können. Schamanen, Geistheiler etc. erinnern die Menschen an die Gaben, die man zu erfühlen hat. Das nennt man Ruf der Seele.

Begegnung mit dem Teufel

Eines Morgens war eine komische Stimmung bei uns zuhause. Nachmittags kam ich von der Arbeit nach Hause und wollte oben noch ein paar Zimmer saugen, bevor ich wieder zur Arbeit losmusste. Ich ging also die Treppe hinauf und da kam mir ein penetranter und ekelhafter Gestank entgegen.

Im Zimmer meines Sohnes fragte ich meinen Mann, ob er auch diesen Gestank riechen würde, aber er verneinte dies und meinte nur: „Du wieder mit deiner Nase. Ich rieche nichts", und ging nach unten. Danach rief ich meinen Sohn und fragte ihn, ob er etwas riechen würde, und er bestätigte mir einen sehr starken Schwefelgeruch wahrzunehmen.

„Bingo", sagte ich und dann sah ich ihn, den Teufel persönlich. Er war über den Schreibtisch gebeugt und sagte bestimmend: „Na, kannst du mich riechen und auch sehen?" Er wollte mir damit Angst einjagen, damit ich schwach und ängstlich werde, aber ich blieb bei meinem Glauben und zeigte keinerlei Schwäche.

Ich sagte ihm, dass ich keine Angst vor ihm hätte und versuchte, irgendwie diesen Raum auszuräuchern, weil ich wieder zur Arbeit musste und nicht wollte, dass er später noch da wäre. Ihm sagte ich nur, dass wenn ich wiederkomme, er gefälligst verschwindet.

Insgeheim hoffte ich, dass es nicht mehr stinken würde, wenn ich von der Arbeit käme und er fort wäre, aber leider täuschte ich mich diesbezüglich. Der Gestank war noch da und der Teufel auch und er erwartete mich.

Nach mehreren Stunden eines Rituals und nach vielen Gebeten konnte ich ihn verjagen, aber er sagte zu mir, dass er wiederkommen würde. Nach fünf Minuten war der Schwefelgeruch schließlich verschwunden. Warum mein Sohn und ich den Teufel rochen und ich ihn sah, erklärt sich damit, dass es uns beide betraf.

Nach der Genesung meines Sohnes kam der Teufel wieder zu uns, zur gleichen Tageszeit und in demselben Raum.

Mit gedämpfter Stimme, ähnlich der Stimme von Gollum aus *Herr der Ringe*, sprach er zu mir: „Wenn du willst, dass dein Sohn am Leben bleibt, musst du mir deine Seele geben. Nur dann behältst du ihn." Die merkwürdige Stimme sagte dann noch: „Bitte, gib mir deine Seele."

In diesem Moment erschien die heilige Mutter Maria und wandte sich mit erhobener, ernster Stimme an mich und sagte: „Du weißt, was ich dir gesagt habe." (Vertrauen) Dann verschwand sie und der Teufel löste sich in Luft auf.

Seit diesem Tag ging es gesundheitlich mit meinem Sohn bergauf, kein halbes Jahr war vergangen, seitdem die Ärzte meinen Sohn aufgegeben hatten. Ich bin sehr froh und glücklich darüber, dass ich diese Erfahrung machen durfte.

In diesen schweren Zeiten war ich oftmals verzweifelt und habe auch mit dem Göttlichen gehadert und darüber geschimpft. In diesem Jahr wurde ich zum Geisterheiler, und Jesus sagte zu mir, dass ich darüber froh sein soll, weil ich so meinem Sohn helfen konnte zu überleben.

Da erkannte ich die Botschaft dahinter, nämlich dass nichts zufällig passiert, und für diese Erkenntnis bin ich unendlich dankbar.

Beerdigung meiner Tante

Leider konnte ich bei der Beerdigung nicht dabei sein. Der Mann meiner Tante war schon in den 80ern verstorben. Bei der Visualisierung hat sich meine Tante bei mir gemeldet und mir ihre Trauerzeremonie gezeigt. Wie bei fast allen Beerdigungen waren sehr viele Gäste anwesend. Meine Tante stand im jungen Körper in einem weißen Kleid da. Mein Onkel hat sie mit einem Blumenstrauß abgeholt. Die beiden umarmten sich und gaben sich noch einmal das Jawort.

Dieses Wiedersehen war so voller Liebe, Wärme und Geborgenheit, und endlich konnte meine Tante meinen Onkel nach so langer Zeit der Abwesenheit wiedersehen. Mir kamen die Tränen, aber nicht von der Trauer, sondern weil sie Frieden gefunden hatte. Die Gäste aus dem Jenseits waren glücklich, und es herrschte eine friedliche Stimmung. Wie bei einer Hochzeit sah ich verstorbene Familienmitglieder, meinen Vater, meine Großeltern, Tanten und Onkel, es war sehr berührend für mich.

Ein paar Tage später kam meine Cousine und erzählte mir von der Beerdigung. Sie sagte, dass sie großartig war, überhaupt nicht traurig, sondern eher wie eine Geburtstagsparty.

Meine Tante war zu Lebzeiten eine sehr christliche Person gewesen, hatte aber trotzdem an das Jenseits geglaubt. Sie sagte stets, dass bei ihrem Tod ihr Ehemann kommen würde und sie ein großes Fest feiern werden.

Besessenheit

Eines Nachmittags kam meine damals 16- oder 17-jährige Tochter nach Hause und klagte über starke Bauchschmerzen und Magenkrämpfe. Mein siebter Sinn war geweckt, und ich versuchte, meine Tochter zu beruhigen.

Wir gingen nach draußen in den Garten. Sie legte sich auf die Erde und versuchte, meiner Stimme zu folgen. Meine Tochter befand sich in einem Schockzustand. Ich spürte, dass irgendetwas mit ihr nicht stimmte. Im nächsten Moment konnte sie sich nicht mehr bewegen, und ihre Hände waren fest zu Fäusten zusammengepresst. Vor Schmerzen und Angst weinte sie.

Ich sprach meine Tochter an, und da zeigte sich ein kleines Mädchen, das ganz verängstigt war und dann durch meine Tochter zu mir sprach: „Ich bin wiederentdeckt worden und habe Angst. Er wird mich wiederfinden."

Durch meine Tochter und mich lief ein Schauer. Das kleine Mädchen glaubte, im Körper meiner Tochter in Sicherheit zu sein und wollte diesen nicht mehr verlassen. Ich fragte das kleine Mädchen, wer sie finden würde, und sie zeigte mir dann, wie sie gestorben war.

Das Mädchen war ungefähr zehn bis elf Jahre alt und hatte lange, rote Locken. Sie wurde von einem schwarzgekleideten, maskierten Mann brutal entführt und ermordet. Dieser Mann steckte sie in einen Jutesack und verschleppte sie in den Wald und verbrannte sie dort bei lebendigem Leib. Niemand hörte ihre Hilfeschreie und keiner fand sie, um sie zu retten.

Sie sagte, dass sie Emilia heißt, und ihr war nicht bewusst, dass sie tot war, und sie haftete bis heute an der irdischen Energie. Deshalb suchte sie Schutz in anderen Körpern und versteckte sich so.

Die Energie wurde dann ganz leicht um uns herum, viel weicher und wärmer und die Krämpfe und Schmerzen meiner Tochter ließen nach. Die Seele fand zur Ruhe und wir haben sie entlassen.

Ich muss dazu sagen, dass diese Seele in einem traumatischen Zustand war, weil sie sich so lange verstecken musste, bis sie gefunden oder sozusagen entdeckt wurde.

Manche verstorbenen Seelen leben für viele Jahre in fremden Körpern und werden nicht wahrgenommen.

Wichtig hierbei ist, dass das Licht der Schutz ist, damit keine fremde Energie oder Seele uns attackiert oder sich anhaftet.

Mutter-Sohn-Konflikte

Es kam eine Phase, wo mein Sohn und ich immer in Streit geraten sind. Ich wollte wissen, warum das so ist und warum wir uns nicht mehr verstanden.

Durch die geistigen Wesen erhielt ich eine Rückführung (Reinkarnation) in ein anderes Zeitalter. Mir wurde gezeigt, wo und wie ich lebte und wer ich in diesem Zeitalter war.

Ich befand mich in einer dunklen Gaststätte, wie in einem dunkel beleuchteten Schuppen, in dem es nach Alkohol und Tabak stank. Dann wurde mir gezeigt, dass ich ein Mann war und zur Zeit der Wikinger in Norwegen lebte. Ich war sehr arrogant und ein kalter Mensch.

Meine Kleidung war robust und schmutzig, mit einem Umhang aus Rentierfell. Ich ging aus diesem Raum heraus in Richtung einer kleinen Kammer. Diese Kammer war die Küche, mit einem kleinen, dreckigen Herd und die Platte war mit offenem Feuer.

Neben dem Herd saß ein kleines Mädchen auf dem Boden und schimpfte. „Ich habe die Nase voll, jeder schubst mich hier nur herum. Ein Mädchen zu sein, macht nicht glücklich."

Als ich dieses Mädchen da so sitzen sah, bin ich als dieser große Mann auf die Knie gefallen. Auf den Knien bin ich zu dem Mädchen dahingekrochen und habe sie um Vergebung gebeten, weil ich sie und andere schlecht behandelt habe.

Dieser große, stabile und kräftige Mann war plötzlich weich und sensibel.

Dann sagte sie zu mir: „Du wirst mich nicht mehr länger knechten, in meinem nächsten Leben werde ich als Junge geboren und mein Leben genießen."

Daraufhin erwachte ich aus der Rückführung und erkannte, dass es sich bei diesem Mädchen um meinen Sohn handelte. Danach führte ich lange Gespräche mit ihm und ich verstand, dass ich mich ändern musste.

Ich sah die Fehler, die ich gemacht hatte ein und seitdem verstehen wir uns prächtig. Die Fronten wurden geklärt und die Fehler aus dem früheren Leben vergeben.

Reparatur der Fernbedienung

Unsere Fernbedienung gab eines Tages den Geist auf. Mein Mann ist handwerklich sehr geschickt und hat alles versucht, damit sie wieder funktioniert, aber nichts passierte. Wir packten neue Batterien hinein, säuberten sie, aber nichts geschah.

Im Geist sagte mir der Erzengel Michael: „Nicht wegwerfen und keine neue bestellen. Vertrau mir." Sehr deutlich hörte ich diese Stimme, und ich sagte zu meinem Mann, er solle noch warten und keine Bestellung aufgeben.

Ich nahm ihm die Fernbedienung aus der Hand und ging in den Keller. Dort nahm ich Verbindung mit dem Erzengel Michael auf. Sofort spürte ich, wie die heilende Energie über meine Hände in die Fernbedienung floss.

Ich war voller Neugier und selbst gespannt, ob es geklappt hatte. Dann ging ich zu meinem Mann, gab ihm die Fernbedienung und sagte ihm, er solle ausprobieren, ob sie wieder ginge. Und tatsächlich funktionierte sie und das bis zum heutigen Tag.

Seitdem steht mir der Erzengel Michael zur Seite und repariert Gegenstände für mich.

Ich möchte euch ein Beispiel nennen.

Das Verdeck meines Cabrios klemmte ständig, und ich war dabei, einen Termin in der Werkstatt zu vereinbaren. Ich parkte das Auto und ging zur Arbeit, als mich der wunderschöne Erzengel Michael ansprach: „Hast du mich vergessen? Ich repariere dein Auto." Ich erwiderte nur, ja klar. Er sagte: „Geh zur Arbeit und wenn du wieder nach Hause kommst, ist das Verdeck wieder in Betrieb."

Also bin ich zur Arbeit gegangen und habe nicht weiter daran gedacht. Abends auf dem Weg zum Parkplatz kam mir der Erzengel Michael in einer blauen Latzhose entgegen und forderte mich auf, einzusteigen und das Dach herunterzufahren. Mit zitternden Händen habe ich das Auto gestartet und mich nicht getraut, das Dach zu öffnen. Doch er forderte mich auf, es zu versuchen, und sagte: „Na mach schon."

Aber ich traute mich nicht und dachte nur: „Was, wenn das nur mein Ego ist und ich mich täusche und mir das alles nur einbilde. Was, wenn das nur eine Illusion ist und nicht die Wahrheit." Er fragte mich: „Vertraust du mir?" „Ja", sagte ich ihm. „Ok, ich versuche es." In dem Moment öffnete sich das Dach meines Autos und vor Freude jubelte ich. „Danke, danke, lieber Michael. Ich vertraue auf dich und meine Intuition", sagte ich ihm.

Nach einem halben Jahr gingen in meinem Cabrio zwei Zylinder kaputt und der Erzengel Michael wurde benötigt. Ich dachte daran, sagte es ihm und habe die Hilfe bekommen. Meine Freude darüber war riesengroß.

Jedes Mal schlägt mein Herz höher, wenn ich darüber nachdenke, ob es wahr ist und ob etwas stimmt oder nicht. Die geistige Welt hat Freude daran, uns zu helfen, wir müssen es nur von Herzen laut aussprechen.

Körperliche Schmerzen

Jeder Mensch ist anfällig für fremde Energien und Schwingungen. Aufgrund von Nachrichten, Gefühlen oder Emotionen jederlei Art, auch von Fremden.

Seitdem ich mit der geistigen Welt in Kontakt bin, bin ich sensibler geworden und muss mich mehr schützen als vorher. Manchmal will ich nicht auf die geistigen Freunde hören und mich mehrmals am Tag energetisch reinigen, mit dem Göttlichen oder mit dem universellen Licht, um mich zu schützen. Wenn ich diese Reinigung nicht durchführe, bekomme ich die Quittung in Form von Schmerzen in den Muskeln und Gelenken.

Die Ursache ist, dass wenn man sich nicht regelmäßig energetisch reinigt, sich Emotionen, Gedanken und zum Teil auch fremde Energien um uns herum wie ein Schleier legen und in unseren Äther eindringen.

Diese negativen Gedanken und Emotionen finden durch Risse und Löcher Zugang in unseren Körper, haften sich an und bleiben dort und verursachen körperliche Probleme.

Unseren physischen Körper waschen und reinigen wir öfter als unseren geistigen energischen Körper. Die Risse oder Löcher an unserer Aura entstehen oftmals durch Traumata, negative Erlebnisse oder auch durch Wut. Dann wird unsere Aura dünn und schwach und wir sind nicht mehr so geschützt. Es ist unser freier Wille, ob wir uns schützen oder nicht.

Noch einmal zurück zum Waschen oder Reinigen.

Unsere Autos und Wohnräume halten wir stets sauber, damit wir es gemütlich haben und uns wohlfühlen.

Genauso sollten wir unseren Körper von fremder Energie reinigen. Denn wenn wir das tun, fühlen wir uns glücklicher, gesünder und leichter und erhalten unsere eigene Energie zurück.

Es gibt eine Ausnahme, nämlich wenn man selbst negativ eingestellt ist, dann muss man sein negatives Verhaltensmuster ändern.

Liebe Leser, ihr wisst, dass das Negative schneller wirkt als das Positive.

Reinigung von der negativen Energie

Stell dir einmal Folgendes vor:

Du nimmst dir eine Art Staubsaugerrohr, das mit Licht gefüllt ist, und lässt dieses Licht durch deinen Kopf fließen bis hin zu deinen Füßen. Du begibst dich gedanklich in dein Inneres und befiehlst dem Licht, alles aus dir herauszusaugen, was schwer und schattig ist.

Das kann ein langer und schwieriger Prozess sein, aber nicht aufgeben oder aufhören, bevor alles Negative abgesaugt ist und man die Leichtigkeit des Lichts spürt. Wenn diese Leichtigkeit erreicht ist, bitte den Staubsauger entfernen.

Visualisiere dann den goldenen Regen oder die goldene Dusche, damit das goldene Licht alle frei gewordenen Löcher und Risse verschließt, damit keine Eindringlinge mehr Platz haben. Es gibt so viele Techniken zur Reinigung.

Baby mit offenem Rücken

Eine gute Klientin von mir bat mich, herauszufinden, warum ihr Enkelkind mit einem offenen Rücken geboren worden war.

Das Enkelkind wurde später operiert und die Operation verlief gut. Die Nerven des Rückenmarks wurden dabei nicht beschädigt.

Also nahm ich mit der Seele des Babys Kontakt auf.

(Da Babys noch nicht wie Erwachsene kommunizieren können, habe ich mich mit der Seele des Babys verbunden.)

Die Seele sprach mit mir und erzählte mir von früheren Leben, während des Zweiten Weltkriegs. Sie war ein 28-jähriger Soldat, der von einem Gegner in den Rücken geschossen wurde. Genau dort, wo sich das Loch im Rücken befand, war bei dem Baby der offene Rücken.

Nach dem Schuss verstarb er, und seine Seele befand sich wie in einem Schockzustand (Trauma), aus dem sie sich nicht heilen konnte, weil der Soldat verstorben war. Die energetische Wunde blieb erhalten, und deshalb wurde das Baby mit einem offenen Rücken geboren.

Bis zur Heilung oder Ablösung der Energie von der Erde konnte das Baby seine Mutter nicht als Mutter wahrnehmen, weil seine Mutter in diesem Leben der Täter aus der Vergangenheit war.

Als das Baby zwei Jahre alt war, hat es nur seine Oma Mama genannt. Als ich mich mit seiner Seele verbunden habe, habe ich sie gefragt, ob sie ihrer Mutter vergeben möchte, aber die Seele wollte davon nichts wissen und war wütend.

Daraufhin habe ich die Seele gefragt, warum sie dann überhaupt auf die Welt gekommen ist, wenn sie doch der Mutter nicht vergeben will. Ihre Antwort war, dass sie bei ihrer Oma sein wollte.

Eineinhalb Stunden habe ich mit ihr geredet und sie überzeugt, ihrer Mutter für die Tat zu vergeben, und dann war sie bereit. Durch die Vergebung floss die Liebe; die Schmerzen und die Wut flossen durch die Heilung davon.

Nach ein paar Tagen rief mich die Oma an und sagte zu mir, dass ihr Enkelkind ein ganz anderes Verhalten hat und jetzt sogar mit der Mutter kuschelt und sein Verhalten viel entspannter ist. Es würde sogar ganz ruhig schlafen.

Australien

Eines Abends erhielt ich von meinem Sohn aus Australien einen Anruf. Er erzählte mir, dass es in dem Haus, in dem er zusammen mit einem Pärchen lebte, spukte. Jeden Abend und jede Nacht waren deutlich Schritte im Haus zu hören, und er sah Gestalten im Dunkeln. Er wolle sofort ausziehen und nicht an diesem Ort bleiben, er hatte große Angst.

Ich nahm mit dem Geist des Verstorbenen Kontakt auf und fragte ihn, warum er noch da wäre. (Das Haus, in dem mein Sohn lebte, gehörte zu einem Bauernhof mit einer gro-ßen Plantage.)

Die Seele war ein alter Aborigine, ein alter, ortsansässiger Mann. Er war traurig und gleichzeitig wütend und sagte mir, dass er bleiben würde, weil ihm dieses Land gehörte. Es wurde ihm versprochen, dass der Natur kein Schaden zugefügt werde und sie wie immer bleiben würde. Doch es wurden Pestizide auf das Land gesprüht und die Natur wurde dadurch vergiftet.

Später erfuhr ich von meinem Sohn, dass die angebauten Oliven mit Pestiziden behandelt werden. In diesem Moment wurde mir bewusst, dass der Geist nicht wusste, dass er ver-storben war, und ich musste ihm helfen.

Nach einiger Zeit war er dann bereit, ins Licht zu gehen, aber vorher wollte er noch alles mitnehmen, was ihm gehörte. Also

Geräte, die zum Haus und zum Hof gehörten, mit denen er damals sowohl auf dem Feld als auch auf der Farm gearbeitet hat.

Im selben Moment, als er ins Licht gehen wollte, rief er sämtliche Seelen, die zur Dorfgemeinschaft gehörten, zu sich. Da kamen auf einmal ganz viele verstorbene Seelen, die immer noch an diesen Ort gebunden waren und wollten mit ihm zusammen ins Licht gehen.

Dieser ganze Vorgang dauerte in etwa eineinhalb Stunden, dann waren alle ins Licht gegangen und von diesem Tag an herrschte Ruhe auf dem Hof und dem Haus.

Gedankenruf

Am 23.06.2019 ging ich frühmorgens in den Wald, um ein Ritual durchzuführen. Noch in Gedanken und bei vollem Bewusstsein dachte ich mir so: „Was wäre, wenn ich einem Fuchs begegnen würde." Aber ich tat diesen Gedanken schnell ab, weil ich der Meinung war, dass es hier in der Gegend keine Füchse gäbe.

Eine halbe Stunde später hörte ich dann eine leise Stimme zu mir flüstern: „Mach die Augen auf, aber erschreck dich nicht."

Ich wollte meine Augen aber nicht öffnen, da ich mich gerade in einer Meditationsphase befand. Meine Neugier und der Drang, meine Augen zu öffnen, waren aber stärker, und so öffnete ich meine Augen. Ich befand mich wieder in der Realität, und was sah ich da? Einen halben Meter vor mir saß ein Fuchs und schaute mich an. Dann ging er fort.

Da erkannte ich, dass der Fuchs in diesem Moment mein Krafttier war und mir eine klare Sicht gegeben hat und die Schnelligkeit zu handeln.

Besuch in der Nacht

Wenn mir danach ist, räuchere ich mein ganzes Haus aus. Das bedeutet, dass ich mein Grundstück und das komplette Haus vom Dachboden bis zum Keller ausräuchere.

Eines Abends in der Nacht spürte ich, dass in dieser Nacht etwas auf mich zukommt. Ich nahm das Ganze mit Humor und dachte nur, wenn ihr kommen wollt, bitte ganz in Ruhe und nicht rebellieren.

Noch in derselben Nacht wurde ich aus tiefem Schlaf gerissen. Ich schaute auf die Uhr und es war viertel nach Zwölf. In Gedanken dachte ich nur: „Oh Geisterstunde."

Und so war es dann auch, wir kommunizierten über das Bewegungslicht im Flur. Es ging immer an und aus. Es waren zwei verstorbene Seelen anwesend, meine verstorbene Schwiegermutter und mein verstorbener Stiefvater. Zwei Stunden unterhielten wir uns und dann war die Kommunikation beendet.

Ich war sehr glücklich und froh, dass diese Kommunikation stattgefunden hatte.

Am nächsten Morgen sprach ich ganz euphorisch mit meinem Mann darüber, was mir in der Nacht passiert war und dass seine Mutter noch einmal vorbeikommen wollte. Doch er tat es nur mit einem „Ja, Ja" ab.

Eine Woche später, fragte er mich morgens, warum ich ihm in der Nacht die Decke weggezogen hätte und ihn am Kopf und an der Schulter berührt hätte. Er hätte ganz deutlich etwas Warmes gespürt und wie er sagte, war das ganz real. Die Schwiegermama ist im anderen Land verstorben, und mein Mann konnte sich nicht zu Lebzeiten von ihr verabschieden.

Ausräucherung eines fremden Hauses

Eines Tages wurde ich von einer Klientin angesprochen, ob ich zu ihr nach Hause kommen würde, um ihr ganzes Haus energetisch zu reinigen. Die Klientin wohnte separat mit ihren Eltern in einem Haus.

Sie erzählte mir, dass ihr Vater seit einiger Zeit merkwürdig war und sich ihrer Mutter gegenüber aggressiv verhielt. Also habe ich mich auf den Weg zu ihr gemacht.

Die Klientin wohnte in dem Haus im Parterre und die Eltern im ersten Stock. Ich betrat zuerst die Wohnung der Eltern und die Energie, die ich spürte, war gar nicht gut. Dass der Vater der Klientin manchmal durchdrehte, wunderte mich nicht.

Als ich die Küche betrat, habe ich sofort Bilder erhalten und ich fragte die Klientin, ob ihr Vater immer auf dem Platz saß und zeigte auf einen Stuhl. Die Klientin bejahte und meinte, dass das der Stuhl ihres Vaters wäre.

Kein Wunder, dass der Vater so herrisch wäre. Auf diesem Stuhl saß ein Geist. Der Geist war ein General der Fremdenlegion und putzte sein Bajonett. Er fing an, mich zu beschimpfen und sagte, er würde mich töten, wenn ich ihm nicht gehorchte.

Ich begann ein Gespräch mit ihm, und er war die ganze Zeit über sehr dominant, aber ich ließ mich nicht einschüchtern. Der General spürte meine starke Präsenz, und nach einiger Zeit gab er nach. Er entschuldigte sich bei mir und war bereit, ins Licht zu gehen. Meine Arbeit im ersten Stock war erledigt.

Danach bin ich ins Parterre gegangen und habe dort alles gereinigt. Dann ging ich in den Keller. Der Weg die Treppe herunter in den Keller war unangenehm für mich. Sowohl ich als auch die Bewohner des Hauses spürten beim Heruntergehen eine Last und eine unangenehme Kälte.

Die Energie führte mich zum letzten Kellerraum. Die Luft wurde immer stickiger, und ich kam näher an den Ort des Geschehens. Dann sah ich ihn an einem Strick vor mir hängen. Er zeigte sich mir als Geist, er wollte ins Licht geschickt werden, aber seine Seele hatte noch keine Ruhe gefunden. Sie hat noch gelitten und war noch voller Schmerzen.

Ich erzählte der Klientin von dem gerade Erlebten und ihre Antwort erklärte es.

„Ach deshalb habe ich eine solche Angst gehabt, diesen Raum zu betreten. Hier hat sich mein Onkel das Leben genommen."

Mit dieser Erklärung löste sich alles auf und die Seele konnte, nachdem das geklärt worden war, ins Licht übergehen. Nachdem ich dann alle Kellerräume energetisch gereinigt hatte, wurden diese mit Licht durchflutet.

Dann hüpfte in den Keller im realen Zustand ein Frosch vor unseren Augen. Die Bewohner sagten, dass sie niemals im Keller einen Frosch gesehen hätten. Der Frosch war wunderschön und grün.

Seine Botschaft an die Bewohner war die folgende: „Ich bin dein spirituelles Element und gebe dir heilende Kräfte, das heißt, es kommt zur Heilung und darf in die Heilung gehen." Die Energie war wieder klar und sauber.

Nach ein paar Tagen erzählte mir die Klientin, dass die Harmonie zwischen ihren Eltern wiederhergestellt war. Alle fühlten sich in diesem Haus wohl und die Klientin hatte keinerlei Angst, in den Keller zu gehen.

Gegenstände wiederfinden

Eine ältere Kundin, die ich schon jahrelang kannte, erzählte mir, dass sie eine große Summe Geld irgendwo unbewusst verlegt hatte und sie nicht mehr wiederfinden konnte. Sie sagte mir, dass sie deswegen ganz verzweifelt wäre und schon überall gesucht hätte.

Ich riet ihr, den heiligen Antonius zu rufen, damit er ihr die Stelle zeigen würde, wo das Geld lege. Sie war sehr skeptisch und konnte meine Erklärung nicht recht glauben. Trotzdem riet ich ihr, ihm etwas zu versprechen, was sie auch einhalten konnte. Zum Beispiel ein Gebet als Danksagung oder eine Spende für jemanden, wenn sie tatsächlich das findet, wonach sie sucht.

Mit sehr großer Skepsis ist sie gegangen. Beim nächsten Treffen sagte sie dann zu mir, dass sie meinen Rat befolgt hätte. Ich war sehr neugierig, was passiert war.

Dann erzählte sie mir, dass sie ein sehr starkes Gefühl bekommen hatte und dann den Drang verspürte, an einem bestimmten Platz zu suchen. Genau an diesem Platz war das Geld. Wie sie mir sagte, wäre sie von allein niemals dahintergekommen.

Auf einem anderen Kontinent (Australien)

Eines Tages kontaktierte mich mein Sohn aus Australien.

Eine gute Freundin meines Sohnes hatte einen Ayahuasca, einen schamanischen Tee, zu sich genommen, um die Tore in die spirituelle Welt zu öffnen.

Danach passierten mehrere Dinge, weil sie es versäumt hatte, sich vor der Einnahme des Tees durch einen Lichtkreis oder andere Vorkehrungen zu schützen. Sie begab sich in Trance und erlebte dann unangenehme Erfahrungen, und nachdem sie aus der Trance herausgekommen war, hatte sie Angst und wusste nicht, was für Dinge sie in sich aufgenommen hatte.

Die junge Frau hatte durch die Einnahme dieses Tees ein Portal geöffnet, ohne Kenntnis darüber, was für Konsequenzen das auslösen kann.

Mein Sohn berichtete mir davon. Er diente als Übersetzer, weil ich kein Englisch verstehe. Er erzählte mir von den Erfahrungen seiner Freundin.

Direkt vor ihr stand eine Gestalt und versuchte, die Kontrolle über sie zu erlangen. Sie geriet in Panik und spürte einen starken Druck auf ihrem Brustkorb, während sie mir dies durch meinen Sohn berichtete, habe ich in spiritueller Weise einen Mann aus ihrer Familie wahrgenommen. Später sagte sie mir dann, dass das Sinn machte.

Ihr Großvater hatte zu Lebzeiten ganz wenig Kontakt zu ihr, weil sie in Australien lebte und er in einem anderen Land. Als er dann starb, bestand für sie nicht mehr die Möglichkeit, sich von ihm zu verabschieden.

Die Gestalt versuchte, Kontakt zu ihr aufzunehmen, war also ihr verstorbener Großvater. Er teilte mir mit, dass es ihm leidtäte, dass er sie erschrocken habe. Da sie in Panik geraten war, hatte sie ihn total blockiert. Er wollte sie nicht belästigen, und sie nicht erschrecken. Deshalb würde er sie jetzt in Ruhe lassen.

Eine Woche später wurde sie dann von einem anderen Wesen attackiert.

Wie ich schon erwähnte, hat sie es versäumt, sich vor dem Schritt, in die geistige Welt zu reisen, zu schützen.

Bei uns in Deutschland ging für mich ein langer Arbeitstag zu Ende, und ich wollte mein Auto aus der Tiefgarage fahren, aber das Tor war komischerweise verschlossen, ich rief meinen Mann an, dass er mich nicht abholen brauchte. Da ein herrlicher Sommerabend war und der Fußweg nur eine Stunde lang war, ging ich los.

Merkwürdig war das verschlossene Tor der Tiefgarage schon, da es sonst immer offen war.

Während meines Nachhausewegs kam ich am Friedhof vorbei und hatte plötzlich das Verlangen, das Friedhofstor zu öffnen und hineinzugehen. Im selben Moment klingelte mein Handy mehrfach, aber ich ließ es klingeln und ging erst einmal weiter. Dann setzte ich mich auf eine der Bänke und beobachtete mehrere ältere Frauen, die mit Gießkannen die Blumen gossen. Neben der Bank lagen viele Vogelfedern, was ich als Zeichen deutete, die richtige Entscheidung getroffen zu haben, mich auf die Bank auf dem Friedhof zu setzen. Einem Ort der Ruhe, der Stille und des Friedens.

Dann nahm ich mein Handy aus der Tasche und sah, dass mein Sohn mehrere Nachrichten auf WhatsApp gesprochen hatte.

In Australien war es gerade einmal drei Uhr morgens, und mein Sohn berichtete mir, dass seine Freundin wieder attackiert worden war.

Sie wäre total in Tränen aufgelöst und würde jetzt zu ihm kommen. Sie würde die 20-km-Fahrt in der Nacht auf sich nehmen, um nicht allein in ihrer Wohnung sein zu müssen.

Wieder hätte sie diesen Druck auf dem Brustkorb gespürt und dann wurde es immer enger und enger, bis sie fast kollabiert wäre. Ihre Matratze hätte sich bewegt, so als ob jemand ihren Kopf heben wollte. Er bat mich, ihr zu helfen.

Ich brauchte mich nicht anstrengen, da ich wusste, dass ich von der geistigen Welt geführt werde.

Also habe ich meine Truppe gesammelt und bin auf der Astralebene in ihre Wohnung nach Australien gereist. Zu meiner Truppe gehören Schamanen, Krafttiere, Engel, Jesus und ab und zu die heilige Maria.

Als wir bei ihrer Wohnung ankamen, herrschte dort eine geistige Party. Mein Team und ich waren mit Licht und verschiedenen Heilsteinen und Kristallen bewaffnet. Ich begann mit den Geistern zu sprechen. Es war ein junges Paar, das die Wohnung der Freundin meines Sohnes in Beschlag genommen hatte, weil sie dort die Energie spürten, um weiterleben zu können. Deshalb waren sie auch nicht bereit, zu gehen.

Das junge Paar war sehr präsent, und ich spürte, dass ich etwas tun musste, um dieses Drama zu beenden. Ich musste mich mit meiner Lautstärke beherrschen, schließlich befand ich mich auf einem Friedhof, auf dem auch fremde Menschen waren.

Ich verspürte ebenfalls einen Druck auf meiner Brust und dann den Aufprall eines Autos. Ich sprach die junge Frau an und sagte ihr, dass nur sie und ihr Partner Schuld an dem Autounfall hatten, bei dem sie gestorben waren. Immerhin waren sie alkoholisiert gefahren und hatten dann den Unfall.

Doch davon wollte die junge Frau nichts wissen, sie wollte nur weiterleben und die Energie der Freundin meines Sohnes aussaugen und dann weitere Opfer suchen.

Dann guckte sie mich ganz wütend an und sprach: „Ich habe das Recht zu leben!" Darauf erwiderte ich ihr: „Nein, du hast dein Leben verpasst, und ihr beide werdet nicht weiter andere Menschen belästigen und ihnen Angst machen."

Dann fing ich an, das Portal zu reinigen, das mit der göttlichen Energie geöffnet worden war. Die violette Flamme war aktiviert. Das Dach der Wohnung von der Freundin meines Sohnes war geöffnet, und die Energie floss durch das gesamte Gebäude.

Ich hatte wunderbare Verstärkung für die Reinigung.

Im Schlafzimmer der jungen Frau machten die Schamanen Feuer und verbrannten alles, was nicht in die Wohnung gehörte. In dem Moment wurden Geister sichtbar, die vorher nicht zu sehen waren und wollten ganz schnell verschwinden, aber dazu hatten sie keine Gelegenheit mehr. Denn schon waren sie in einer Falle aus Licht gefangen und konnten nicht mehr entweichen, um woanders Unfug zu treiben und andere Menschen zu belästigen.

Mithilfe der geistigen Helfer und der Heilsteine in verschiedenen Größen wurden die Wohnung und das gesamte Haus gereinigt. Ich schaute der ganzen Situation zu, um zu sehen, was passiert. Dabei spürte ich die göttliche Kraft, sie war wunderschön.

Dann fragte ich das junge Paar, ob sie nun bereit wären, die irdischen Sphären zu verlassen, und er sagte zu mir: „Ich bin bereit, zu gehen, wenn sie auch geht."
    Sie schaute mich ganz schrecklich wie ein General an und sagte: „Wenn ich sage, dass ihr bleibt, dann bleibt ihr!" Die anderen Geister waren ihr nämlich hörig, aber sie merkte nicht, dass sie keine Chance mehr hatte, sie herumzukommandieren.

Die Kraft des Lichts und der Steine waren aktiviert und es kam die Zeit zum Entlösen. Das heißt, dass auch das Licht aktiviert war, um die Seelen ins Licht zu entlassen. Sie konnten nun ins Jenseits gehen und plötzlich herrschte Stille.
    Am nächsten Tag erfuhr ich dann von meinem Sohn, dass es seiner Freundin bestens ginge und sie in ihrer Wohnung eine ganz andere Energie spürte. Der Spuk war vorbei.

Arbeit in der geistigen Welt

Hannover Linden

Eine junge Frau war nach Hannover in ein mehrgeschossiges Wohnhaus gezogen. Eines Nachmittags klopfte es lautstark an ihrer Tür. Vor ihrer Tür stand ein junger Mann und drohte ihr, dass wenn sie nicht leiser werde und die laute Musik ausstellen würde, sie ihn noch kennenlernen würde.

Sie versuchte, ihm ruhig zu erklären, dass der Lärm nicht aus ihrer Wohnung kam, sondern von einem anderen Nachbarn käme. Aber davon wollte er nichts wissen.

Jeden Tag kam dieser junge Mann und beschwerte sich bei ihr. Er war wie besessen und wohnte direkt unter ihr. Das ging so weiter, bis sie schließlich zur Polizei ging, aber das brachte auch nichts.

Eines Abends hat er dann so lange gegen ihre Tür getreten, bis ein Loch entstand. Sie hatte ständig Angst ihm zu begegnen, und bat mich um Hilfe.

Also nahm ich auf geistiger Ebene Kontakt mit der Seele des jungen Mannes auf und erfuhr, dass er ständig unter Drogen stand und schon einige Entzüge hinter sich hatte. Die geistigen Helfer, die mir zur Seite standen, haben mit mir zusammen tüchtig gearbeitet. Nach ein paar Tagen änderte sich dann etwas.

Das heißt, genau genommen kam der junge Mann zu meiner Klientin und entschuldigte sich bei ihr für das, was er getan hatte. Von diesem Tag an hielt er ihr die Eingangstür auf und sagte ihr, dass ihm sein Verhalten furchtbar leidtut.

Intuitionen

An einem sehr heißen Sommertag verschwand meine Katze Nala, und alle sagten zu mir, dass sie nicht zurückkommen wird, weil schon so viel Zeit vergangen ist. Ich habe deswegen viele Tränen vergossen, weil sie sehr mystisch für mich war und auch mit mir gemeinsam meditiert hat.

Ja, tatsächlich meditiert. Sie lag dann auf meinem Schoß, und zwar so lange, bis ich fertig war. Manchmal für mehrere Stunden, und sie hat mich dann beobachtet.

Eines Tages habe ich dann unter Tränen mit ihrer Seele Kontakt aufgenommen und sie gefragt, wo sie denn jetzt wäre. Sie sagte mir, dass ich nicht weinen sollte, sie würde mir helfen, meine Trauer zu überwinden. Bevor sie verschwand, hatte ich Trauer zu verarbeiten und konnte dies aber nicht, weil meine Gefühle und Emotionen blockiert waren.

Mit der Hilfe meiner Katze konnte ich diese Blockade lösen und meine Trauer bewältigen. Ich weinte sehr viel und ließ meinen Gefühlen und Emotionen freien Lauf. Dadurch löste sich alles auf, und meine Katze sagte dann zu mir, dass ich sie nicht mehr suchen sollte. Sie würde zu mir kommen, wenn ich dazu bereit wäre und nicht mehr damit rechnen würde.

Es vergingen so um die drei Wochen und in dieser Zeit verlor ich nicht meinen Glauben. Eines Morgens beim Spaziergang durch eine sehr lange Walnussallee: Gerade als ich abbiegen wollte, fiel eine Walnuss von einem Baum direkt vor meine Füße. Ich blieb stehen und hob sie auf, da hörte ich die Stimme einer Katze. Ich habe nach ihr gerufen, und ihre Stimme wurde immer deutlicher, aber sehr schwach. Dann kam Nala auf mich zu gelaufen, sehr abgemagert, und das Fell war voller Schuppen. Sie sprang in meine Arme und maunzte ganz toll.

Nie habe ich an meiner Intuition gezweifelt und will damit sagen, dass man seinem Herzen folgen sollte. Egal, was man vorhat, man sollte stets seinem Herzen und seiner Intuition folgen und nicht aufgeben, seine Wünsche zu verfolgen.

Mein Hund Barni

Mein Hund Barni hatte eine komplette Lähmung seines gesamten Körpers. Daraufhin habe ich ihn mit Energie behandelt und bin zur Arbeit gefahren. Als ich nach einer Stunde nach Hause gekommen bin, um zu sehen, wie es ihm geht, war leider noch keine Besserung zu sehen.

Ich verband mich mit dem Universum und bat um Hilfe. Man teilte mir mit, dass ich meinem Hund noch mehr Energie geben sollte. Dann sollte ich bis 19:00 Uhr abwarten, und er würde aufstehen. Zunächst war ich völlig irritiert, aber ich habe alles genauso gemacht, wie man es mir gesagt hat und habe vertraut.

Mein Hund schaute mich voller Qualen an und konnte nichts machen. Er lag einfach nur da, fraß und trank nichts und konnte auch nicht sein Geschäft machen. Sein kleiner Körper mit einem Kilogramm Gewicht war ganz unbeholfen.

Als die sieben Stunden um waren, hörte ich Glocken läuten, was bedeutete, dass es 19:00 Uhr war. Ein Engel erschien und forderte mich auf, meinen Hund zu rufen. Ich hatte Angst, dass ich enttäuscht werde und er für immer gelähmt bleiben würde.

Obwohl ich große Angst hatte, rief ich nach ihm. Und um 19:05 stand mein Hund ganz vorsichtig auf und machte seine ersten Schritte. Ich konnte meinen Augen kaum trauen, als ich das sah.

Danke :-) Universum

Klientin (Dorotea)

Eine Frau namens Dorotea (Name wurde geändert) erzählte mir in einem Gespräch, dass ihre Tochter ein zweites Kind bekommen habe. Sie selbst hätte aber keinen guten Draht zu dem neugeborenen Jungen. Wohingegen die erstgeborene Enkelin eine kleine Prinzessin sei. Ihr Ein und Alles ist.

In dem Moment hatte ich so ein Gefühl und fragte sie, ob sie schon einmal abgetrieben hätte. Sie schaute mich ganz verwundert und erschrocken an und sagte: „Ja zweimal sogar". Ich sagte ihr, dass es jedes Mal derselbe Junge war und seine Seele diesmal durch den Sohn ihrer Tochter wiedergeboren geworden war.

Wir nahmen Kontakt zu der Seele des Jungen auf und kommunizierten mit ihm. Er sagte, dass er ihr vergeben hat, weil sie ihn nicht haben wollte, aber er hatte den Wunsch, in ihrer Nähe zu sein. Sie würde ihr Herz für seine intensive Liebe öffnen, weil sie beide mit dem Licht Gottes verbunden sind und sie ihn lieben würde. Der Klientin flossen die Tränen, starke Emotionen und Gefühle waren zu spüren.

Ich führte mit ihnen ein Ritual durch, wobei die alten Energien abgelöst wurden. In dieser kurzen Zeit änderte sich alles.

Heute sagt sie, dass sie ein hervorragendes Verhältnis zu dem Jungen hat, und er ist ihr genauso wichtig wie ihre Enkelin: Er ist ihr Ein und Alles.

Klare Energien

Beate, auch hier wurde der Name geändert, kommt regelmäßig, um sich bei mir ihre Nägel hübsch machen zu lassen. Eines Tages erzählte sie mir, dass in ihrer Wohnung irgendetwas nicht stimmte. Das heißt, die Energie war dort total anders, und sie hatte das Gefühl, dass da jemand wäre, der nicht dorthin gehörte. Es sei aber jemand, den sie nicht sehen könnte. Also fuhr ich zu ihr nach Hause, um dort die unerwünschte Energie auszuräuchern.

In der Küche spürte ich Unruhe. Da war sie, die vor einem halben Jahr plötzlich verstorbene Tante von Beate.

Zu Lebzeiten saß sie in der Küche immer genau auf dem Platz, an dem ich eine starke Präsenz der Energie spürte.

Die Tante war zu Lebzeiten immer eine sehr spontane Person gewesen und hat Beate immer auch mal ganz spontan besucht. Der Geist der Tante dachte nun: „Ach schauen wir mal, was Beate so macht", und wollte sie unterstützen, ohne zu wissen, dass ihre Anwesenheit störte und ihre mitgebrachte Energie in der Wohnung verstreut wurde und unerwünscht war.

Später erzählte mir Beate, dass sie sich Sorgen um ihren Freund machte, der beruflich in Mexiko war und sich schon mehrere Wochen nicht gemeldet hatte.

Ich ging also von Zimmer zu Zimmer und räucherte die gesamte Wohnung aus. Im Schlafzimmer stand ein Bild ihres Freundes, das ich auch ausräucherte, obwohl ganz viel Rauch in der Wohnung war, war die Luft ganz klar und rein.

Meine Tat war vollbracht, und ich konnte nach Hause fahren.

Später meldete sich Beate bei mir und sagte, dass sich fünf Minuten nachdem ich gefahren war, der Freund gemeldet habe, und bei ihm sei alles in Ordnung.

*Manchmal wissen wir nicht,
was um uns herum geschieht!*

Fahrt ins Ungewisse

In meiner Familie gab es einen Krankheitsfall. Mein Onkel ist so schwer erkrankt, dass die Ärzte im Krankenhaus ihn auf die Intensivstation verlegen ließen und sagten, dass sie für ihn nichts mehr tun könnten und wir nur noch abwarten konnten.

Abends waren meine Gedanken so verwirrt, dass ich mich entschloss, am nächsten Morgen die 204 km ins Krankenhaus zu fahren.

Am nächsten Morgen wurde ich sehr früh wach, und so beschloss ich, noch bevor mein Mann aufwachte, zu meditieren. Ich stellte in meinem Wohnzimmer ein paar Kerzen auf und begann mit meiner Meditation.

Nach ein paar Minuten erschien mir eine ältere, weibliche Gestalt. Sie beugte sich über meinen Esstisch und schaute mich an. Dann sagte sie zu mir, dass sie heute ihren Sohn mitnehmen würde. Dabei war sie voller Freude, dass sie das endlich geschehen lassen konnte.

Dann zeigte sie mir, wie sie das machen würde, aber es gelang ihr nicht. Dieses Szenario versuchte sie immer wieder. Sie zeigte es mir, aber es gelang ihr nicht. Jedes Mal entglitt er aus ihren Händen. Die alte Dame war die Mutter meines Onkels, sie war eine sehr zierliche Persönlichkeit, dabei aber sehr bestimmend und trotz allem ein herzensguter Mensch.

Ich bat sie zu gehen, aber sie war strikt dagegen. Also verabredeten wir, uns im Krankenhaus zu treffen. Ich schlug ihr das allerdings nur vor, damit sie mein Haus verlässt.

Ich suchte alle meine Utensilien zusammen, wie bestimmte Heilsteine, Kristalle und zu meiner Verwunderung auch einen großen schwarzen Turmalin. Erst verstand ich nicht, warum ich auch diesen Stein mitnehmen sollte, aber später wurde es mir klar. Außerdem nahm ich noch ein paar wundervolle Essenzen wie Pomander und Quintessenz mit. Dann machten mein Mann und ich uns auf die dreistündige Fahrt ins Krankenhaus auf.

Dort angekommen ging ich durch einen schmalen Korridor zur Intensivstation. Alles war mit viel Licht durchflutet, aber weil ich nicht wusste, was auf mich zukommt, war ich verängstigt.

Er lag an Maschinen und hatte überall Schläuche befestigt. Er war nicht ansprechbar, hat uns aber wahrgenommen, und es begann. Ich spürte, dass ich etwas tun musste, und sah den Geist der Mutter meines Onkels. Sie schwebte mit ausgestreckten Händen über ihm und rief ihm zu, zu ihr zu kommen.

Das Ganze mit anzusehen, war für mich der reinste Horror. In diesem Moment wollte ich mit meinem Onkel nur noch allein sein, aber ich hatte hier im Krankenhaus keinen Einfluss darauf. Zum Glück war das Personal damit einverstanden, dass nur ich mit ihm im Zimmer bleiben durfte.

Dann machte mein Onkel die Augen auf und sagte: „Mama, Mama". Dabei bewegte er seinen Kopf hin und her, nach links und nach rechts, aber er wollte nicht mit und sagte: „Nein, nein, nein".

Vor meinen Augen lief ein Film ab: Der Körper meines Onkels bewegte sich in rasender Geschwindigkeit, wie bei einer

Achterbahnfahrt, in die Tiefe und dann wieder in die Höhe. Sofort nahm ich die Essenzen und verteilte sie auf seinen Armen und seinem Körper. Die Heilsteine legte ich auf sein Bett.

Dann kehrte absolute Ruhe und Stille in meinen Onkel ein. Denn er war noch nicht bereit zu sterben, sondern wollte leben.

Seine Mutter versuchte ihn immer wiederzuergreifen und zu sich zu ziehen, aber sie war von ihm zu weit entfernt und auch zu hoch. Deshalb brauchte sie Hilfe von der geistigen Welt, den Elohim. Das sind Engel, die dafür sorgen, dass die Seelen ins Licht geführt werden.

Da mein Onkel aber noch nicht bereit war zu gehen, konnte ihn seine Mutter nicht bei der Hand nehmen.

Denn er hatte noch eine Mission zu erfüllen. Ein Engel erschien und sagte, dass alles gut ist.

Nach mehreren Stunden haben wir uns dann von ihm verabschiedet und ihm alles Gute gewünscht. Wir haben ihm gesagt, dass egal, was kommen würde, er eine leichte Reise haben würde und dann haben wir für ihn gebetet.

Am nächsten Morgen haben wir dann erfahren, dass mein Onkel wieder auf die normale Station verlegt worden war. Die Ärzte konnten selbst nicht glauben, was da passiert war. Er war ganz munter und gesprächig. Nach einer Woche wurde er aus dem Krankenhaus entlassen.

Er erzählte mir dann, dass er geträumt hatte, dass seine Mutter ihn zu sich holen wollte, und er war hin- und hergerissen, wie bei einer Achterbahnfahrt. Einen Wunsch hatte er noch, nämlich mit seinem Bruder Frieden zu schließen.

Also vereinbarte ich mit den beiden einen Kaffee-Treff bei mir zu Hause, damit die beiden Gelegenheit hätten, sich zu versöhnen. Das war das letzte Treffen mit meinem Onkel. Ein paar Tage danach verstarb er. Seine Mission war es also, Frieden mit seinem Bruder zu schließen.

Der Turmalin hat eine Aufgabe: die Seele zu befreien, Selbstsicherheit zu geben und sich auf eigene Wünsche und Ziele zu besinnen. Außerdem hilft er gegen negative Energien, deshalb die Bezeichnung „Achterbahnfahrt". Unschöne Emotionen werden durch den Turmalin gelindert, auf psychischer Ebene.

Eine Botschaft am Valentinstag

Es war Valentinstag, für mich ein ganz normaler Arbeitstag, als Nageldesignerin. Ich machte mich für die Arbeit fertig und fuhr los. Der Tag war voller Freude, und auch auf der Arbeit habe ich viel gelacht.

Ich spürte auf der Arbeit die Präsenz meines kürzlich verstorbenen Stiefvaters. Dann zeigte er sich durch eine Musikbotschaft. Im Radio wurde das Lied von Ella E.: „Küss mich, halt mich, lieb mich" gespielt. Aber diese Botschaft war nicht für mich, sondern für meine Mama.

Er sagte zu mir: „Sag deiner Mama, dass ich an sie denke, und sie soll nicht mehr weinen. Ich bin gut angekommen, es geht mir gut und ich habe keine Schmerzen mehr."

Ich frage ihn, wie ich ihr die Botschaft überbringen solle. Mir steckte ein Kloß im Hals, und ich dachte mir nur, dass ich das nicht kann. Das ist gewiss nur eine Illusion, aber es war die Wahrheit. Dann dachte ich, wenn sich die Gelegenheit eines Tages ergibt, dann sage ich es ihr.

Nach ein paar Stunden machte ich mich auf den Weg nach Hause, und im Radio wurde wieder dieses Lied gespielt.

Eindringlich sagte er zu mir; „Sag, es ihr bitte. Es ist sehr wichtig." Mir kamen voller Emotionen die Tränen und mein ganzes Make-up war ruiniert. Als ich nach Hause kam, sagte ich zu mir: „Jetzt oder nie!"

Ich ging die Treppe in unserem Haus hinauf zu meiner Mutter, die mit uns im selben Haus lebt.

Dann erzählte ich ihr, was für eine Botschaft ich für sie habe und auch welches Lied gespielt wurde. Ihre Antwort darauf war nur: „Er hat mich gehört, ich habe ihn um ein Zeichen gebeten." Die Nacht zuvor hatte sie viel geweint, und das Lied war das Lieblingslied der beiden. Ich hatte davon keine Ahnung. Wirklich sehr rührend.

Todesengel

An einem Sommernachmittag, schon etwas später, sah ich alle meine verstorbenen Hunde. Sie standen alle in einer Reihe und am Ende der Schlange stand ein Wesen mit dem Rücken zu mir. Verhüllt in eine dunkle Kutte mit einer Kapuze über dem Kopf. Einerseits war das Ganze merkwürdig und auf der anderen Seite sehr spannend für mich.

Ich fragte ihn, wer er ist, aber er schwieg. Ich bat ihn, näherzukommen und sich zu offenbaren. Nach ein paar Minuten zog er seine Kapuze herunter und zeigte sich mir ganz. Die Seelen der verstorbenen Hunde waren alle ganz ruhig, sein Gesicht war länglich und sein Mund, wie bei einem Pferd, voller langer Zähne.

Er sprach zu mir und sagte: „Ich bin ein Todesengel." Ich fragte ihn, wen er holen wolle, und voller Würde senkte er seinen Kopf nach unten und sagte: „Keine Angst, niemanden von euch Menschen. Du wirst es bald erfahren." Dann verschwand er.

Vier Tage später kam eine gute Bekannte zu mir und sagte mir, dass ihr Fohlen sehr krank gewesen war, dass man ihm nicht helfen konnte und es verstorben sei.

Himmlisches Sanatorium

Während ich in der Natur auf einer Bank saß, hatte ich in meinen Gedanken einen Wunsch. Ich wollte gerne wissen, wo sich meine verstorbenen Familienmitglieder befanden und was sie so machten.

Entspannt schaute ich in Richtung Himmel und schloss meine Augen. Dann öffnete sich ein Portal, der Hintergrund wirkte wie eine große Leinwand, ähnlich einem großen Flachbildschirm.

Darauf sah ich eine grüne Wiese, auf der alle Menschenseelen und Tierseelen waren, und es herrschte Stille und Ordnung. Diejenigen, die arbeiten wollten, um sich die Zeit zu vertreiben, taten dies. Meine Oma saß an einem Tisch und aß ein Brot mit Tomaten und Zwiebeln. Der Geruch der Zwiebel drang bis zu mir durch.

Mein Stiefvater machte ebenfalls Pause und aß Sprotten, er schaute mich an und sagte: „Guck, was ich bekommen habe." Er zeigte mir einen nagelneuen Traktor, genau so einen hatte er sich immer gewünscht. Dabei sah er sehr glücklich aus. Ich fragte ihn, ob er da arbeiten muss, er antworte mir, nur wenn ich will.

Es waren viele Seelen dort, aber jeder hatte genügend Platz für sich, und die Menschen waren aus verschiedenen zeitlichen Epochen, zum Beispiel aus der Barockzeit.

Dann wurde mir gesagt, dass dieser Ort als Sanatorium diente, ein Erholungsort für alle Seelen. Die Seelen würden so lange an diesem Ort bleiben, bis sie geheilt wären und sich erholt hätten. Erholung von Schockzuständen, Krankheiten, Ermordungen, Unfällen und Gewalt. Auch die Seelen der wilden Tiere waren an diesem Ort, um sich von Unfällen oder Ermordungen zu erholen.

An diesem Ort konnten die Seelen Liebe tanken und genesen, sie konnten so lange, wie nötig bleiben und danach eine Ebene höher gehen.

Lichtsäule

Ich habe in der Natur eine Lichtsäule aufgebaut, damit alle Seelen, die keine Ruhe und keinen Frieden gefunden haben, eine Art Krafttor vorfinden. Keine Säule aus festem Material, sondern eine Säule aus unsichtbarer, universeller Kraft aus Licht. Durch diese Säule aus Licht ist es verlorenen Seelen möglich, durch die Lichtfrequenzen nach Hause zu finden.

Eines Morgens beim Joggen sah ich an der Stelle der Lichtsäule eine weibliche Gestalt, einen Geist. Ich versuchte, Kontakt mit ihr aufzunehmen, aber es gab keine Reaktion.

Eine Stimme sagte zu mir: „Es hat keinen Sinn. Sie hört dich nicht und sie sieht dich auch nicht. Das kommt noch. Lass ihr Zeit!" Jeden Tag aufs Neue versuchte ich, sie zu begrüßen, aber ohne Erfolg.

Sie stand immer an derselben Stelle, so als ob sie auf jemanden wartete. Ihre Kleidung war aus einem leichten Stoff, ein langes Sommerkleid. Das Kleid war cremefarben, luftig und mit kleiner Spitze bestickt. Dazu hielt sie in einer Hand einen aufgespannten Sonnenschirm und in der anderen Hand ein Kind, ein hibbeliges, unruhiges Mädchen. Die Frau war sehr elegant und zu ihren Füßen stand ein kleiner brauner Koffer. Das Szenario erinnerte mich ans 19. Jahrhundert.

Ich versuchte weiterhin mein Glück, sie anzusprechen, doch leider weiterhin ohne Erfolg. Nach ca. zwei Wochen war die elegante Frau weg. Stattdessen waren viele andere Stimmen vor Ort. Die Stimmen klangen ganz jämmerlich und voller Schmerz. Ich versuchte, daran vorbeizugehen, aber etwas hielt mich zurück, und dann hörte ich, wie die Stimmen mich baten, zurückzukommen, weil sie meine Hilfe benötigten.

Also ging ich zurück und stand vor den Stimmen voller Leid. Mir wurde ein großer Haufen von verletzten Menschen und Toten gezeigt, und direkt aus den Trümmern kam ein großer, schlanker Mann mit einem länglichen, schmalen Gesicht.

Seine Kleidung war schwarz, und er trug einen großen Zylinder und einen langen Mantel, wie im 19. Jahrhundert. Dann sprach er mit sehr tiefer Stimme zu mir, du musst uns helfen. Ich fragte ihn, was geschehen ist, und er antwortete. „Der Zug wurde mit Absicht zum Entgleisen gebracht, und die Schuld wurde den Indianern gegeben, damit es zum Zwist und zu Unruhen zwischen den Völkern kommt. Das war Sabotage von den Soldaten der Fremdenlegion."

Ich verstand sofort, dass die Seelen Hilfe brauchten, und zum Glück hatte ich ja schon eine Lichtsäule errichtet. Also sprach ich zu den Seelen, dass sie sich hintereinander aufstellen sollten und dorthin gehen müssen, wo sie das Licht sehen. Jeder, der vor der Lichtsäule stand, wurde wie in einem durchsichtigen Fahrstuhl nach oben gezogen.

Ich sagte ihnen, dass ich jetzt joggen gehen würde, da das Ganze noch lange dauern würde. Nach ein bis zwei Stunden kam ich zurück, und alle Seelen bis auf die elegante Frau mit dem Mädchen waren verschwunden.

Das Mädchen kam auf mich zu, umschlang meine Beine und sagte: „Danke, dass du uns erlöst und befreit hast." Ich fragte das kleine, süße Mädchen, ob sie noch einmal auf die Erde kommen möchte, doch sie sagte, so schnell nicht, sie wolle sich erst einmal erholen. In dem Moment rief ihre Mutter nach ihr und sagte: „Komm schon, komm schon, der Zug wartet!" Die Kleine winkte mir noch einmal zu und reichte ihrer Mutter die Hand. Beide gingen in den Fahrstuhl und waren weg.

In der ganzen langen Zeit waren die Seelen an der Erde gehaftet gewesen, bis ich auf sie aufmerksam wurde.

Türkeiurlaub 2012!!!

Es war Ende November, mein Mann und ich entschlossen uns, zu seinem 50. Geburtstag ein paar Tage in die Türkei zu fliegen und zu entspannen.

Wie in jedem Urlaub ging ich jeden Morgen noch vor dem Frühstück an den Strand zum Walken. Also ging ich morgens in der Früh los und stand vor der Wahl links oder rechts zu gehen. Gerade als ich mich entschlossen hatte, rechts zu gehen, sagte mir meine Intuition den linken Weg zu nehmen, und so ging ich nach links. Von meinem Gefühl her fühlte es sich so an, als ob mich jemand gezerrt und gesagt hätte: „Geh den linken Weg lang."

Ich walkte also links entlang und sah von Weitem zwei Männer am Strand und etwas Weißes am Wasserrand liegen. Ich verspürte eine Unruhe in mir und dieses Gefühl war mir nicht fremd. Da wusste ich schon, dass irgendetwas nicht stimmte.

Meine Schritte wurden immer schneller und schneller, bis ich ankam. Da sah ich eine Leiche vor mir liegen. Eine ältere Frau und ihr Anblick war nicht gerade schön. Der Schleim hing an ihrem Mund und lief an ihrer Nase herunter. Sie hatte vermutlich einen Herzschlag erlitten und niemand konnte ihr mehr helfen.

Da die zwei Männer die Polizei schon informiert hatten, machte ich mich daran zu gehen. Der Geist der älteren Frau hinderte mich jedoch daran. Sie wollte mit mir reden. Dann hat sie angefangen zu schimpfen und mir gesagt: „Oh Gott, oh Gott, wie sehe ich denn aus? So ein schrecklicher Anblick. Die anderen Leute können jetzt sehen, wie ungepflegt ich bin. Kann mich bitte jemand zudecken."

Ich muss dazu sagen, dass sie einen weißen Morgenmantel anhatte und mit dem schrecklichen Anblick ihr Gesicht meinte. Sie wollte, dass man ihr Gesicht bedeckte. Denn wie sie mir erzählte, war sie zu Lebzeiten immer eine sehr gepflegte und gestylte Frau gewesen. Über ihren Anblick war sie sehr verärgert.

Ich beruhigte sie und sagte, dass es nun einmal geschehen ist und man es nicht mehr ändern könne, aber wenn sie meine Hilfe brauchte, könne sie sich an mich wenden.

Dann erzählte sie mir, dass sie mit ihrer Enkelin hier Urlaub machte und sich Sorgen mache, wie diese ihren Tod verkraften würde.

Der älteren Dame war bewusst, dass sie tot war, und sie wollte sich nur noch ihre Beerdigung in Deutschland ansehen und mich dann kontaktieren.

Einen Monat später meldete sie sich bei mir und sagte: „Ich bin nun bereit, die Erde zu verlassen."

Wie ich schon früher erwähnt habe, wurde auch diese Seele in eine Lichtsäule geführt, damit ein leichterer Übergang ins Jenseits entsteht.

Noch eine Sache!

Da erst habe ich verstanden, dass man sich genau überlegen sollte, was man sich wünscht oder sagt. Denn Worte oder Gedanken sind wie Magie. Die Anziehungskraft der Worte ist sehr kraftvoll und stark.

Sicherlich fragt ihr euch, was ich damit meine.

Ich habe mir des Öfteren gedacht und auch laut gesagt, was wäre, wenn ich im Wald oder am Wasser eine Leiche finden würde.

Das war dann meine Bestätigung. Uh!

Gefahr auf dem Nachhauseweg

Abends nach der Arbeit auf dem Heimweg hatte ich kurz vor meinem Haus einen Achsenbruch an meinem Auto. Nur mit Mühe schaffte ich es, bis nach Hause zu kommen.

Fünf Monate später, wieder auf dem Weg nach Hause, an genau derselben Stelle, blockierte plötzlich mein Lenkrad.

Also nahm ich Kontakt zur geistigen Welt auf und fragte, ob ich den Ort segnen und Licht senden solle. Aber die Geister sagten zu mir: „Nein, es ist alles gut. Wir werden dich beschützen, wenn noch einmal so etwas passiert. Sollte wieder etwas mit deinem Auto nicht in Ordnung sein, zeigen wir es dir kurz vor zu Hause, damit du heil ankommst."

Denn mein Weg nach Hause liegt in einer 30er-Zone und nicht auf einer Schnellstraße oder Autobahn. Das heißt, wenn mit meinem Auto etwas nicht in Ordnung ist, würde die geistige Welt es mir auf diesem Weg zeigen, damit mir nichts passiert.

Bild im Kamin

Eines Abends im November saß ich gemütlich im Wohnzimmer vor dem Kamin und schaute, wie die Flammen knisterten und dabei ständig die Farben wechselten. Die Flammen leuchteten in besonderen goldenen Farben, und ich schaute voller Begeisterung ins Feuer. Ich dachte mir, davon musst du unbedingt ein Foto machen. Also habe ich schnell mein Handy genommen und eines geschossen.

Als ich das Foto angeschaut habe, bekam ich eine Gänsehaut. Ich vergrößerte das Foto und sah ein männliches Gesicht.

Zunächst dachte ich, dass es mein Schatten wäre, und dann versuchte ich, schnell noch ein Foto zu machen, aber die Gestalt war schon verschwunden.

Später erhielt ich, für sehr kurze Zeit, die Gelegenheit, mit dem Geist aus dem Feuer zu sprechen. Er bat mich, seine drei Kinder aus der irdischen Anhaftung zu befreien, und dafür würde er mir helfen, die Technik der Hypnose zu erlernen. Voller Neugier fragte ich ihn nach seinem Namen.

Der Geist nannte sich Rasputin und der Deal war gemacht.

Dann recherchierte ich, wer er war. Ich fand heraus, dass er als russischer Geisterheiler, Wanderprediger und Hypnotiseur tätig war. Das alles war mir bis zu diesem Zeitpunkt nicht bekannt.

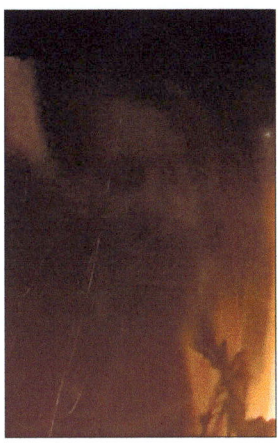

Zwilling, Kind, Sara

Zwei Jahre bevor meine Tochter schwanger wurde, sagte sie zu mir, dass sie innerlich eine Unruhe und Traurigkeit verspürt.

Sie wünschte sich von mir eine Rückführung.

Gesagt, getan. Ich führte sie auf mentaler Ebene zurück in meinen Mutterleib und in diesem führte sie mit ihrer verstorbenen Zwillingsschwester einen Dialog.

Meine jetzige, lebende Tochter wollte diese Erfahrung machen und erleben, wie es sich anfühlt, der Seele zu begegnen, die nicht mehr sichtbar ist. Sie hatte eine solche Sehnsucht danach, mit ihr zu kommunizieren, und verspürte nach dieser Rückführung einen Frieden und eine große Leichtigkeit.

Diese Gefühle verspürte auch die ungeborene Seele Sara und teilte meiner Tochter mit, dass sie wiedergeboren wird als ihr Kind. Heute ist meine Tochter Mutter von Zwillingen.

Edelsteine

Ich arbeite sehr gerne mit Edelsteinen. Sie besitzen eine hohe energetische Heilkraft.

Vor ein paar Jahren habe ich Orgonite aus verschiedenen Heilsteinen und Edelmetallen selbst für meinen privaten Gebrauch hergestellt. Orgonit ist Energieträger und gleicht Störungen im menschlichen oder tierischen Körper aus. Sie sorgen für einen Einklang im Körper und dadurch entsteht die Heilung, auch gegen Elektrosmog, Handy- und Elektrostrahlen. Orgonite sorgen auch dafür, dass Pflanzen sich wohlfühlen. Sie verwandeln unharmonische Frequenzen der Lebensenergie wieder in harmonische.

Mein Mann klagte über starke Rückenschmerzen und bat mich, ihn zu massieren. Ich sollte ihn an den Stellen massieren, wo es besonders weh tat. Dann sprach die geistige Welt zu mir und sagte, dass ich ihm einen Orgonit auf den Rücken setzen sollte. Also tat ich, was mir gesagt worden war.

Mein Mann legte sich auf den Bauch, und ich nahm einen Orgoniten, der so groß wie ein Glas war und legte ihn auf seinen Rücken. Nach zwei Minuten schrie er, was ich mit ihm machen würde, es fühlte sich für ihn an, als ob ein 50-kg-Gewicht auf ihm liegen würde. Es war für ihn energetisch sehr schmerzhaft, und er musste sich übergeben.

Das heißt, dass der Orgonit sich Wege gesucht hat, um seine heilsame Energie dort zu platzieren, wo Blockaden herrschten. Nach 15 Minuten war alles vorbei, und er hatte keinerlei Schmerzen mehr.

Manchmal muss man zulassen und zuhören, was einem die geistige Welt vermitteln will.

Vertrauen – der Geist in dir

Trau dich, liebe/-r Leser/-in, mit Energie zu experimentieren zum Wohle deiner Gesundheit und deines Wohlbefindens. Übernimm die Verantwortung für dich selbst. Solltest du krank sein, bist du derjenige, der dich heilen kann. Reinige deine Emotionen, deine Gefühle, deine Verletzungen und deine Seele.

Die Seele möchte mit dir kommunizieren, deshalb die Beschwerden. Deine Seele möchte deine Aufmerksamkeit. Jede Erkrankung deines Körpers oder deiner Organe zeigt die Ursache.

Verabrede dich mit deiner Seele in der Meditation, dort herrscht die Sprache der Intelligenz.

Jede Machtlosigkeit (Ohnmacht), die du in dir trägst, sorgt dafür, dass du müde, machtlos und krank bist. Schau hin, was mit dir los ist, welchen Grund es gibt, dass du so bist, wie du bist. Höre, was dein Körper dir sagen will.

Wenn du selbst diese Ohnmacht geschaffen hast, dann kannst du auch Macht kreieren. Das ist das richtige Wort dafür, positive Macht kreieren.

Wenn du weißt, was du brauchst, um etwas zu erreichen, und du genau weißt, wo du gerade stehst und dass es dir möglich ist. Das ist der Moment der Veränderung.

Zum Beispiel: „Ich werde es tun, ich tue es!"

Aber vorsichtig, sei dir stets bewusst, wie machtvoll deine Gedanken sind, die Magie der Macht. Der Mensch ist Geist und der Geist triumphiert über die Menschen.

Ich bin Geist im Körper.

Ich bin, wer ich bin.

Ich bin das, was ich denke.

Wenn wir uns durch alles, was wir tun, durch Mitgefühl, Frieden und Würde, auszeichnen, dann sind wir der lebendige

Ausdruck des Geistes. Der Geist drückt sich durch unser Handeln, unsere Gedanken und unsere Gefühle aus. Er inspiriert uns zu Höchstleistungen, zur Individualität und zur Hingabe.

Versuch seine Stärke, seine Fähigkeiten, seinen Willen und seinen Mut in alles in deinem Leben einfließen zu lassen. Dann wird das Licht des Geistes in dir für immer scheinen. Auch das kleinste Licht strahlt im Dunkeln Wärme aus.

Und durch die Angst öffnest du die Tore zur Krankheit.

Steffi

Sie kam in mein Nagelstudio, und während der Arbeit an ihren Nägeln erzählte sie mir, dass sie seit einiger Zeit unter starken Halsschmerzen leidet. Keiner konnte ihr bisher helfen, auch die Ärzte nicht, der Hals war nicht gerötet oder entzündet, es schien, als sei alles in Ordnung. Nachdem ich ihre Nägel fertiggestellt hatte, bat ich sie, sich auf meine Liege zu legen, auf der ich Klienten behandelte. (Fußpflege etc.) Dabei vergaß ich, meine Eingangstür zu verschließen.

Steffi war völlig entspannt, aber sie spürte, dass die Energie immer unangenehmer und schwerer für sie wurde. Nach ein paar Minuten zeigte sich eine menschliche Kreatur aus dem Mittelalter. Steffi wurde unruhig, aber sie spürte auch, dass alles gut werden wird. Die Kreatur hatte sich mit beiden Händen an ihren Hals gekrallt. Die Hände bestanden nur aus zwei Krallen an beiden Seiten der Hand, und das Monster war sehr bestimmend.

Sie wollte nicht loslassen und sagte zu mir, dass sie sie vernichten würde, als Rache für das, was die Menschen ihr angetan hatten. Ich sprach mit ihr sehr sanft und beruhigend, sodass sie wenigstens eine Hand von Steffis Hals nehmen würde, was sie auch tat.

Genau in diesem Moment öffnete sich meine nicht verschlossene Eingangstür. Ich musste die Session kurz unterbrechen und nach vorn gehen, um zu sehen, wer dort war. Dabei lief mir ein Schauer über den Rücken. Vor mir stand ein Inder mit einem Turban auf dem Kopf und wollte mir aus der Hand lesen. Ich habe mich dagegen gewehrt und ihm gesagt, dass ich dafür jetzt keine Zeit hätte. Da sagte er zu mir: „Junge Dame, sie sind eine spirituelle Person und helfen Menschen, wieder gesund zu werden!" Ich sagte nur schnell „ja, ja", weil ich mit meinen Gedanken bei Steffi und der Kreatur war. Höflich bedankte ich mich bei ihm und verschloss die Tür hinter ihm.

Als ich wieder in den Raum der Behandlung kam, hörte ich auf mentaler Ebene Schreie. Diese Schreie der menschlichen Kreatur waren sehr unangenehm. Ich versuchte, die Kreatur zu beruhigen, aber sie sagte nur zu mir: „Ich habe dir vertraut, aber auch du hast mich allein gelassen, wie alle anderen Menschen auch. Ich vertraue niemandem mehr." Nach einiger Zeit guten Redens beruhigte sie sich wieder, aber ihre zweite Hand hing noch immer an Steffis Hals. Deshalb versuchte ich, auf sie einzuwirken, auch diese Hand zu lösen. Doch sie sagte nur: „Nein, sie soll den gleichen Schmerz verspüren, wie ich damals".

Steffi hatte währenddessen starke Schmerzen und das Atmen fiel ihr schwer, aber langsam wurde es besser. Ich redete weiter auf sie ein, und nach einem langen Gespräch wurde sie zugänglicher und weicher. Ich sagte zu ihr: „Na los. Lass los! Vertrau mir, dir wird nichts passieren." Sie ließ also los, und ab diesem Moment ging es bergauf und Steffi hatte keinerlei Schmerzen mehr.

Die Kreatur wurde zugänglich und nett zu mir, und die Energie im Raum wurde sehr leicht im Vergleich zum Anfang der Session. Sie fasste Vertrauen und zeigte mir ihr Leben von früher und warum sie so gelitten hatte.

Im Mittelalter war sie keine Schönheit, sondern das, was man eine Missgeburt nennt. Sie war von den übrigen Menschen ausgestoßen worden und wurde ausgelacht. Man stellte sie auf ein Podium und die Leute haben sie ausgelacht und mit Steinen beworfen. Währenddessen stand sie nur da und tat nichts dagegen. Das Volk schrie nur, weg mit dir, weg mit dir. Ein wirklich sehr trauriger Anblick. Ihr einziger Freund war ein weißer Straßenköter, der die Leute anbellte, um sie zu verteidigen.

Ich sprach zu ihr und sagte „Sprich mit dem Volk. Wehr dich, vielleicht war dein Verhalten auch nicht so nett." Also hat er Mut gefasst und sich ans Volk gewandt und sagte: „Ich bin vielleicht nicht so schön wie ihr, aber mein Herz ist genau wie eures. Bitte vergebt mir, denn ich habe euch auch vergeben."

In diesem Moment herrschte absolute Ruhe, und ich musste vor lauter Emotionen schlucken. Dann applaudierte das Volk und jubelte. Man konnte sehen, wie glücklich sie war, nach so langer Zeit angekommen zu sein und akzeptiert zu werden. Sie sagte zu mir: „Ich bin bereit, fortzugehen, ich habe meinen Frieden geschlossen." Bei Steffi entschuldigte sie sich.

Steffi habe ich hinterher alles geschildert, obwohl sie alles mitbekommen hat, also wahrgenommen hat. Durch eine Lichtsäule ist sie dann fortgegangen. Das ganze Szenario anzuschauen, war wie eine schwere Geburt.

Eingebung/Torhüter der Erde

Eines Tages habe ich mich an die höheren Mächte gewandt und diese gefragt, wie ich mein Haus und mein Grundstück besser schützen kann. Ich hatte so ein Gefühl, dass irgendetwas nicht stimmt. Damit ich mich zuhause sicher fühlen kann, also sozusagen von innen und auch von außen.

Die Antwort war kurz und deutlich: „Ruf uns, die Torhüter, und wir helfen dir, den Schutz zu bringen". Also habe ich ein Ritual durchgeführt auf mentaler Ebene und überall dort Kristalle aufgestellt, wo sie Schutz versprechend waren. In einem weiteren Ritual habe ich auf Hanfschnüre Segnungen und Knoten gesprochen und diese dann auf dem Grundstück verteilt.

Ein paar Wochen später wurden in unserem Wohngebiet mehrere Häuser aufgebrochen und ausgeraubt, bei unseren Nachbarn auch. Früh am nächsten Morgen klopfte es an unserer Tür und die Polizei stand vor mir und fragte, ob wir etwas gehört hätten. Da ich nicht wusste, dass bei unseren Nachbarn eingebrochen worden war, bat ich die Polizisten, an unserer Haustür nachzuschauen. Er sagte: „Bei ihnen haben sie es an der Haustür auch versucht, schauen Sie, da sind die Spuren von dem Einbruchsversuch, aber sie haben es nicht geschafft, hereinzukommen."

Da wurde mir bewusst, dass die Torhüter im Spiel waren und unser Haus und Grundstück beschützt hatten. Das Universum hatte wieder einmal bewiesen, dass man seine Wünsche klar äußern darf und diese erfüllt werden können.

Einige Tage später beim Bügeln habe ich gedacht, was für ein Glück wir doch hatten, nicht überfallen worden zu sein, und habe mich beim lieben Gott für den Schutz bedankt und auch bei den Torhütern. In dem Moment hörte ich eine ruhige Stimme zu mir sagen: „Dreh dich um und schau." Da lag auf der Waschmaschine ein schwarzes T-Shirt, welches ich zuvor gebügelt hatte, ich schaute weiter und traute meine Augen kaum. Es offenbarte sich ein Bild wie aus weißem Druck, und ich sah eine Gruppe von Kriegern mit Schwertern und Lanzen, und im Vordergrund machte sich eine weibliche Gestalt sichtbar. Ihre Kleidung sah aus wie aus Eisen, ein geschmiedeter BH und in der Hand ein großes Schwert sowie bei Xena, und alles befand sich auf dem T-Shirt.

Ich sprach mit ihnen und fragte sie, wer sie sind. Die Antwort kam sofort: „Du hast uns gerufen und wir sind gekommen, um euch zu beschützen. Wir sind die Torhüter." Ich durfte ein Foto von ihnen machen, leider habe ich dieses Foto verloren, was ich sehr bedaure. Manchmal muss man wertvolle Dinge loslassen, dieses Foto befand sich auf einem USB-Stick, auf dem ein Virus war.

Wir sollten uns immer daran erinnern, dass wir ständig mit dem Universum verbunden sind, das Universum wartet auf uns und unsere Wünsche, und ich bin sehr dankbar dafür, meiner inneren Stimme zu folgen.

Im Wald

Noch eine Situation aus meinem Leben: Ein großer Drang überkam mich, und ich entschloss mich, in den Wald zu gehen. Es war Silvesterabend, so gegen 19:00 Uhr, und wir wollten nicht feiern, nur gemütlich zuhause sitzen wollte ich auch nicht, also entschloss ich mich, kurz meinen Kraftort im Wald zu besuchen. Ich bewaffnete mich mit einer Kopflampe, meinen Räucherutensilien, einer Klangschale, einer schamanischen Trommel und einer feuerfesten Schale.

Es war schon merkwürdig, im Dunkeln in den Wald zu gehen. Aber meine Intuition und mein Glaube waren stärker als alles andere. Um Ärger zu vermeiden, habe ich meiner Familie nichts davon erzählt. Stattdessen habe ihnen gesagt, dass ich jemanden kurz besuchen möchte und in eine Stunde wieder zurück sein werde. Dann habe mich mit meinen Utensilien aus dem Haus geschlichen.

Im Wald herrschte absolute Ruhe und nur leichter Nieselregen kam durch die Blätter und leises Rauschen hindurch.

Bevor ich in den Wald ging, habe ich zuhause Briefe mit meinen Wünschen ans Universum und Dinge, die nicht mehr im Einklang mit meinem Leben waren, aufgeschrieben. Es war im Wald so dunkel, dass ich die Hände nicht vor den Augen sehen konnte.

Nach dem Trommeln als Ritual entzündete ich in der Schale Feuer und verbrannte die Briefe nach und nach. Die Flamme des Feuers nahm verschiedene Farben an. Es herrschte mystische Stille. Ab und zu hörte man Silvesterknaller und Laute – ich glaube von der Nachteule. Nach der wundervollen Stille wurde mir durch die geistige Welt gesagt, dass ich ein Foto von dem Feuer machen sollte und später würde ich erfahren, was es zu bedeuten hat. Es war schon spät.

Zwei Stunden waren sehr schnell vergangen, und gegen 21:00 Uhr machte ich mich auf den Weg nach Hause. Ich war voller Energie und die Kraft bebte in meinem Körper. Ein glückseliger Zustand erfasste mich, so als ob mich jemand aus einem Schlaf geweckt hätte.

Nach ein paar Tagen im neuen Jahr nahm ich mein Handy zur Hand und schaute mir das Foto an. Ich bat meine liebe Sabina, die Schamanin, sich das Foto auch anzuschauen und mir zu sagen, was sie sehen würde. Denn ich spürte Erinnerungen und Transformationen, aber ich wollte natürlich von ihr noch mehr erfahren.

Dann schrieb sie mir:

Tanzende Gestalten aus alten Zeiten wandeln in der Glut. Wenn du dir das Bild genauer ansiehst, erkennst du einmal einen Menschen, dann wieder ein Tier und auch Geisterwesen, die davonfliegen. Und wenn du das Bild auf den Kopf stellst, siehst du das Herz eines Phönix'.

Menschenleben

Einmal während meiner Arbeit als Nageldesignerin, meine Klientin war fast fertig, kam der nächste Kunde in den Laden. Er kam zur Tür herein und schaute mich freundlich lächelnd an, wir kennen uns schon seit ein paar Jahren. Ich erhob meinen Kopf, um ihn zu begrüßen, und in dem Moment durchfuhr mich im ganzen Körper eine Gänsehaut. Deutlich spürte ich in mir eine Unruhe, dass mit ihm etwas nicht stimmte. Die geistige Welt sagte zu mir: Ruf den Krankenwagen! Ruf den Krankenwagen!

Vorsichtig fragte ich ihn, ob er etwas habe und wie es ihm geht, er sagte mir etwas verlegen, dass es ihm gut gehe, und so bat ich ihn in anderen Raum zur Fußpflege. Wieder hörte ich laut und deutlich die Aufforderung der geistigen Welt: Ruf den Krankenwagen!

Schnell beendete ich die Arbeit an meiner anderen Klientin. Immer stärker verspürte ich einen Druck in mir, dass ich dem Klienten helfen musste. Ich versuchte, ihm zu vermitteln, dass irgendetwas mit ihm nicht stimmte und dass ich den Krankenwagen rufen würde. Er war entsetzt darüber, dass ich es wagte, ihn so unter Druck zu setzen, und seinen Zustand beurteilte. Unser Gespräch ging hin und her, er verstand nicht, warum ich so reagierte, und meinte dann nur, dass er nichts zu verlieren hätte.

Da er sich in meinem Laden befand, entschloss ich mich, die Verantwortung zu übernehmen, und rief den Krankenwagen. Es dauerte ca. 20 Minuten, bis der Krankenwagen kam. Ich bot ihm Wasser an, das er trank. Er wirkte schon ganz apathisch. Er schaute wie durch mich durch und war wie weggetreten.

Als die Sanitäter kamen, bekam er sehr schlecht Luft, er hatte leichtes Fieber und die Blutwerte, besonders der Sauerstoffgehalt, waren ganz schlecht. Er befand sich zu diesem Zeitpunkt in einem wackeligen Zustand. Nachdem er abtransportiert worden war, sprach mich die geistige Welt an und die Engel sagten: „Du hast ihn das Leben gerettet!"

Da ich die ganze Situation ganz gelassen aufgenommen hatte, erwiderte ich laut, dass das doch jeder machen würde. Doch der Geist sagte: „Nein, wenn du nicht so hartnäckig gewesen wärst, wäre er ganz normal nach Hause gegangen. Du hast ihm das Leben gerettet. Du hast auf uns gehört und gute Arbeit geleistet!"

Aus meiner Sicht war mein Handeln ganz normal und ich nahm alles mit Humor. :-)

Zwei Tage vergingen, und ich erhielt einen Anruf der Schwägerin des Klienten. Sie sagte mir, dass er in ein künstliches

Koma versetzt worden war, damit sich seine Organe, besonders Herz und Lunge, erholen könnten. Die Ärzte hatten ihr gesagt, dass es sich um eine Stunde gehandelt hätte, dann wäre er gestorben. Ich traute meinen Ohren nicht, als ich das hörte.

Dann durchströmte meinen Körper eine warme Energie voller Liebe und die Stimme sagte zu mir: „Du hast Leben gerettet, verstehst du nun den Sinn?" Voller Demut habe ich mich bedankt.

Heute ist der Klient auf dem Weg der Besserung.

Trauerfall

18.03.2020

Mein Schwiegervater ist verstorben. Es ist jetzt die Zeit, in der die Coronapandemie unser Leben bestimmt. Da er in Polen gestorben ist und die Grenzen geschlossen wurden, können wir nicht zur Beerdigung fahren.

Am Tag seiner Beerdigung habe ich mich entschlossen, mit ihm auf geistiger Ebene Kontakt aufzunehmen. Ich spürte sofort seine Präsenz. Zu Lebzeiten war sein Verhältnis zu seinen Kindern nicht so besonders.

Er sagte mir, dass es für ihn ganz leicht gewesen war, seinen irdischen Körper zu verlassen. Seinen Körper betrachtete er wie ein Stück Holz, und er war froh, nicht mehr auf der Erde zu sein. Außerdem würde er nicht zu seiner Beerdigung kommen, weil es ihm völlig egal wäre.

Zu Lebzeiten war er sehr korpulent, fast blind und Diabetiker. Er nahm sehr viele pharmazeutische Medikamente und hat keine Diät beachtet. Dann zeigte er mir, wie er seinen Körper verlassen hatte.

Abends, kurz vor dem Schlafen gehen, setzte er sich in seinen Sessel, und während er dort saß, kam ein leichter Nebel und versetzte ihn in Trance. Er dachte, dass er träumte und wollte aufwachen und ins Bett gehen. Dann fühlte er die Schwerelosigkeit und hörte die Engel zu ihm sprechen, gleich hast du es geschafft. Da wollte er aufwachen, weil er dachte, dass es nur ein Traum ist, er wollte ins Leben zurück und fragte: „Wache ich gleich auf?"

Die Engel sagten: „Nein, du bist nicht mehr auf der Erde." Dann zeigte er mir, wie glücklich er war, seinen schweren Körper nicht mehr ertragen zu müssen. Obwohl er noch dick war, konnte er auf seinen Zehenspitzen stehen und konnte scharf gucken. Alle seine Beschwerden waren weg. Seine Augen glänzten voller Klarheit und Glück.

Seine verstorbene Frau hatte er auch schon kurz gesehen, aber die Engel sagten zu ihm, dass er noch für einige Monate zur Heilung seiner Seele auf dieser Ebene bleiben würde. Obwohl es im geistigen Bereich keinen Raum und keine Zeit gibt, das sagen sie nur für uns Menschen, damit wir die Zeit oben verstehen.

Für ihn war es ein leichtes Sterben, ganz anders als der Arzt festgestellt hatte. Er sagte, dass er aus dem Sessel nach oben gehoben wurde und die Energie war Liebe. Einen der Engel fragte er, warum auf einmal so leicht sei. Der Engel grinste leicht und sagte ihm: „Beruhige dich, jetzt ist alles gut!" Da oben ist er zwar dick, aber ohne Einschränkung seiner Bewegungen.

Zu seinen Lebzeiten war er fast immer sehr negativ eingestellt und hatte keine Freude am Leben, doch jetzt nach dem Tod ist er voller Freude. Seine Sehnsucht nach Frieden ist wahr geworden, und er segnete uns alle. Er möchte erst einmal nicht zur Erde zurückkommen.

Dort oben wolle er lernen, was Liebe bedeutet, weil er dies zu Lebzeiten nie zugelassen hat und seine Kinder und seine

Frau nicht gut behandelt hat. Er dachte, er müsse so hart sein, damit sie ihm gehorchen und hat es versäumt, seine weichen Züge zu zeigen als guter Vater und Ehemann. Kurz hatte er seine Frau gesehen und wollte zu ihr, weil er gespürt hatte, dass sie dazu bereit war, aber die Engel sagten zu ihm, dass es noch nicht die Zeit dafür wäre. Er war drei Jahre ohne sie und könnte ruhig noch etwas warten.

Es war ihm jetzt bewusst geworden, welchen Schaden er durch sein Verhalten gegenüber seiner Familie angerichtet hatte, deshalb wollte er auf einer anderen Ebene jetzt Heilung empfangen, Liebe und Demut erlernen.

Er wollte sich von seinem irdischen Leben ausruhen und sein Leben als Seele genießen. Er wusste ja nicht, wie es sich anfühlt, von seinem Körper getrennt zu sein. Für ihn einfach nur Freiheit!

Von dem Licht und der Stille war er überwältigt, und er hoffte, Gott zu treffen, damit dieser ihm seine Sünden vergeben würde. Er konnte es kaum erwarten, dass seine Seele geheilt würde und er die Liebe erhalten würde. Nun war er auch in der Lage zu sagen, dass er uns alle liebt, und wie viel seine Tochter für ihn getan hatte. Ihm war bewusst, dass es jetzt zu spät war, sich für alles zu bedanken, aber er bat mich, das alles seinen Kindern zu sagen, weil ich dazu in der Lage bin.

Zu Lebzeiten war es ihm nicht möglich, seinen Kindern zu sagen, wie sehr er sie liebte und dass er stolz auf sie wäre. Er weiß, dass er zu Lebzeiten die Hand hätte ausstrecken müssen und seinen Kindern hätte danken sollen. Doch nun ist es, wie es ist, und es lohnt nicht, darüber zu weinen, er wisse, dass sie ihm vergeben werden. Jetzt war er keine Last mehr für sie und ist ins Licht übergegangen. Danke.

Das war der erste Schritt, zum ersten Mal hatte er sich geäußert, obwohl er das nie wollte, und er weiß auch, dass er noch meine Hilfe benötigt. Er wäre nicht weit entfernt von uns, an einem kleinen Ort. Wo genau, wisse er nicht, wie eine Vorstufe, er fühlte sich wie neu geboren. Er zeigte sich in seinem alten Körper vor mir, dick und fast blind, und dann stand er vor mir auf seinen Zehen und drehte sich ganz leicht. Ich nahm eine grüne Farbe in der Umgebung wahr.

Er war von allem überwältigt und dankbar, dass er leicht gestorben war und nun das wunderschöne Licht sehen durfte. Dort oben würde seine Seele zu leben und zu lernen anfangen. Es würden viele Zeiten vergehen, bis er wieder auf die Erde kommt. Er dankte mir, dass ich ihm zugehört hatte und segnete uns alle.

Während ich das aufschrieb, flackerte plötzlich das Licht im Esszimmer. Er wollte mir sagen oder besser zeigen, dass er noch präsent war. Ich danke dir, Schwiegervater, dass ich dich empfangen durfte.

Eingebung:
Die Wünsche verjähren nicht

Während ich mein Buch weiterschrieb, bekam ich eine Botschaft. Die Stimme kam ganz laut wie aus heiterem Himmel.

Was war dein Wunsch als Kind oder als Jugendliche? Lange suchte ich nach einer Antwort und der Wahrheit. Ständig sprach mein Verstand mir dazwischen und wollte meine Gedanken unterdrücken, sodass ich mich nicht erinnerte. Viele Gedanken und Bilder schossen mir durch den Kopf, aber mein Verstand funkte mir ständig dazwischen und sagte: „Du hast keine Wünsche und auch keine Träume."

In diesem Moment sprach ein Engel zu mir: „Schau und höre genau hin, was hast du dir als kleines Mädchen von ganzem Herzen gewünscht?" Die Energie war ganz stimmig und plötzlich erinnerte ich mich. In meinem Kopf lief ein Film ab, und ich sah mich mit 10 Jahren zusammen mit meiner Cousine Federball spielend. Während unseres Spiels erzählte sie mir, dass ihr bester Freund im Schwimmbad ertrunken ist. Unbewusst schaute ich in Richtung Himmel, der voller Wolken war, und durch die Wolken drang stark die Sonne hindurch. Und mit ganz leiser Stimme sprach ich, sodass meine Cousine mich nicht hören konnte: Bitte, ihr Engel, eines Tages, ich möchte gerne das Unsichtbare sehen und mit Geistern sprechen können.

Und heute schreibe ich dieses Buch. Alles ist in Schwingung und im Universum wird alles codiert. Also Achtung, erst denken, dann sprechen, es werden Wünsche realisiert. Jeder Wunsch kann erreicht werden, nur muss man ihn richtig aussprechen. Das Universum muss konkret wissen, was man sich wünscht, also keine negativen Bestellungen.

Das Universum kennt kein Nein, kein Niemals. Zum Beispiel, wenn du sagst, dass du diese Person nicht mehr treffen willst, dann triffst du sie. Oder wenn du sagst: Ich möchte nicht mehr krank sein, dann wird das passieren. Es wird das „Ich will krank werden" verarbeitet. Das Unbewusste verbindet sich mit dem Universellen und sendet dir genau das, was du denkst oder aussprichst.

Ein Beispiel:

In meinem Flur stand auf einem Gestell eine wunderschöne Glasvase. Immer wenn ich vorbeiging, hatte ich negative Gedanken, bloß vorsichtig, damit nichts passiert. Das ging auch eine lange Zeit gut. Beim Staubsaugen habe ich aufgepasst, dass nichts passiert. Aber eines Tages hat sich das Kabel verfangen und sie war kaputt. Also, das heißt: Die Angst hat die Macht.

Meine Gedanken waren negativ und so habe ich das Universum nur auf negative Dinge gebracht statt auf positive. Also nur positiv formulieren, immer nur das Beste und Höchste bestellen. Natürlich müssen auch kleinere Wünsche richtig artikuliert werden, um die richtigen Intentionen zu erhalten.

Die Stille

Der Mensch hat das Samenkorn gesetzt und Mutter Erde hat es vollbracht. Viele Menschen leiden unter der Ausgangssperre. Das heißt, diese Menschen oder auch wir selbst durchleben einen psychischen Prozess, da wir nicht damit klarkommen, so eingeengt zu sein.

Wir haben zu sehr nach draußen gelebt statt nach innen und so die Wertschätzung für viele Dinge, wie die Nahrung, die Pflanzen und auch die Tiere, verloren. Die Menschen konsumieren viel zu viel und haben keinerlei Wertschätzung und Verständnis für andere. Viel zu schnell beurteilen wir andere, ohne zu wissen, warum sie so handeln, so z. B. das Verhalten unserer Nachbarn.

Das heißt, wir sollten unser Leben wieder in Einklang bringen und Frieden finden. Jetzt ist die Zeit gekommen, sich über sich selbst und sein eigenes Leben Gedanken zu machen. Wo kann ich anfangen, um wieder inneren Frieden zu erlangen, was kann ich persönlich verändern?

Tief in unsere Seele hineinhorchen und unser wundervolles Herz öffnen, in der Stille zu gehen. Wenn du die Ruhe, die Stille, in dir gefunden hast, bist du im Einklang mit dir selbst. Dann wird dich nichts mehr aus der Bahn werfen und deine Sinnesorgane werden aktiviert. Wir sind es nicht gewohnt, in Stille mit unserer Seele zu sein. Die Seele will in einem gesunden Körper leben.

Dein Körper wird dir dankbar sein, dass du dich um ihn kümmerst, und deine Seele wird vor Freude jubeln. Dein Geist wird ruhiger werden und clever sein, sodass die Stimme in dir nicht mehr dazwischen spricht und dein Ego wird liebevoller werden.

Komme in Einklang mit dir selbst, lieber Leser, damit du besser schlafen kannst. Damit du die Stille besser ertragen kannst und du nicht die Hektik und Unruhe von außen aufnimmst. Dass deine Gedanken Frieden (Stille) finden und du vollkommen zufrieden bist mit dir und deinem Leben. Sodass du Frieden mit dir schließt.

Ein paar Beispiele:

Minimalismus, also sich auf das Wesentliche konzentrieren und wenn es geht Termine, wichtige Gespräche, auf das Notwendigste zu reduzieren. Den Zwang stoppen, irgendwann unbedingt irgendwo sein zu müssen. Stattdessen hinaus in die Natur zugehen. Sich in der Natur bewegen, auf die Geräusche lauschen, sich auf eine Bank setzen und den Blick öffnen. Spaziergänge im Wald, sich an ein Wasser setzen und der Natur zu hören, was sie uns zu sagen hat.

Einen guten Freund besuchen, dein Lieblingsessen oder Getränk mit allen Sinnen genießen und dankbar sein für alles. Vielleicht fängst du mit Meditation an, nicht gleich mehrere Stunden, sondern erst einmal im Kleinen. Fang klein an, bis du deiner Stille vertraust.

Mach anderen Menschen eine kleine Freude: Schreib z. B. eine Postkarte an einen guten Freund oder schreib einer Person, die du liebhast. Bedanke dich jeden Tag auch für die kleinen Dinge des Lebens. Für das tägliche Brot, das du isst oder dass du jeden Morgen aufstehen darfst, betrachte nichts als selbstverständlich in deinem Leben.

Wenn du nicht lächeln kannst, weil die Situation nicht passt oder du voller Traurigkeit und Wut bist. Sag zu deinem Herzen: Egal, wie ich aussehe oder wie ich mich fühle, dann sag es, ich liebe mich so, wie ich bin. Sag es von ganzem Herzen mit geschlossenen Augen. Bis du es richtig fühlst, so als ob du es zu einem geliebten Menschen sagst. Fühl es und atme dieses wunderbare Gefühl in dein Herz hinein. Wenn du das tust, wird deine Seele berührt. Bitte praktiziere das öfter.

Das tiefe, ruhige Atmen kann ganz viele Krankheiten heilen. Tue, was dir Freude macht, sprich ein Gebet oder schick eine Danksagung auch an die Mutter Erde. Dass die Energie, die du sendest, eine klare Intention ist.

Sprich zu deinem Leben als Danksagung. Wie dankbar du deinem Körper bist, deinen Füßen, die dich den ganzen Tag tragen. Deinen Händen, mit denen du kreative Dinge vollbringen kannst oder auch nur, dass du einen Löffel halten kannst. Dass du mit deinen Augen sehen kannst und so die schönen Dinge des Lebens erkennst. Auch deinen Organen, die dafür sorgen, dass dein Körper entgiftet wird und so eine Reinigung stattfindet. Dein ganzer Körper arbeitet, damit du am Leben bleibst. Ganz besonders dein wunderbares Herz, das leuchtet und uns so viele Wege zeigt. Es schlug schon lange, bevor du denken konntest und weist dir den Weg. Es schenkt dir Liebe und die Möglichkeit, Freude zu geben. Betrachte noch einmal deinen Körper, deine Organe und dein heiliges Herz, ja, schau dir noch einmal alle deine Sinne an. Welch ein Wunderwerk der Mensch doch ist.

Wir erleben im Moment einen Wendepunkt. Jede Krise bedeutet einen Neuanfang und eine Chance.

Mein Schleierfisch

Seit ein paar Monaten ist mein Schleierfisch irgendwie merkwürdig. Erst dachten wir, dass die Fische noch Winterschlaf sind, aber dann kam der Tag, an dem alle Fische bis auf den rot gefleckten Schleierfisch im Teich ganz munter und lebendig wurden und umherschwammen.

Er schwamm ganz krumm auf einer Seite und dann verschwand er wieder. Mit einem Käscher versuchte ich ihn anzulocken. Kurz war er wieder wach und dann wieder in einer merkwürdigen Position. Als er auf dem Rücken lag, fragte ich ihn ganz besorgt, was mit ihm los sei, die anderen Fische würden ganz munter umherschwimmen und sie wären im Gegensatz zu ihm voller Kraft. Er erwiderte, dass er sich in Trance befindet, ganz entspannt und im Schlaf. Er wäre gesund.

Ich sagte zu ihm, dass es etwas ganz Besonderes sei, so tief in Entspannung und Trance zu sein. Es war April, und jeder, der zu uns zu Besuch kam, sagte, dass der Fisch nicht mehr lange leben würde. Ich erwiderte nur, dass mit ihm alles in Ordnung ist, er nur etwas geschwächt sei und sich ausruhe.

Am nächsten Tag sagte mein Mann zu mir, dass er den Fisch töten muss, denn was wäre, wenn der Fisch krank wäre und die anderen Fische auch krank würden. Ich erzählte ihm, was der Fisch mir sagte. Natürlich glaubte er mir nicht und verdrehte nur seine Augen.

Jeden Tag beobachtete ich den Fisch und hoffte, eine positive Veränderung festzustellen, jedoch ohne Erfolg. Ich stand vor dem Teich und dachte, ich lasse dich nicht sterben. Also nahm ich den Käscher und holte den Fisch heraus und setzte ihn auf meine Hand.

Dann gab ich ihm eine Portion heilende Energie. Ich spürte, wie die Energie durch ihn floss und dachte mir, dass wir nichts zu verlieren hätten. Ich setzte ihn zurück ins Wasser, und er verschwand zwischen den Steinen und Algenpflanzen. Nach ein paar Stunden schaute ich nach, ob sich etwas verändert hatte. Der Fisch war wieder voll lebendig und hatte sogar Appetit. Die Glückseligkeit umarmte mich wieder.

Falsche Früchte

An einem sehr heißen Sommertag habe ich mich mit meiner Freundin zum Fahrradfahren verabredet. Während der Fahrt wurden wir sehr durstig und am Wegesrand entdeckte ich Holunderbeerenbüsche. Die Früchte waren sehr reif und voll schöner dunkler Farbe. Wir pflückten uns einige und versuchten, sie im Mund auszuquetschen (zu zerdrücken). Es schmeckte hervorragend saftig und süßlich. Meine Freundin fragte mich, ob man die Früchte im rohen Zustand essen dürfe. Ich bejahte dies und stopfte mir noch mehr Früchte in den Mund, bis mein Durst gestillt war.

Während der Fahrt nach Hause haben wir noch Witze gemacht und gesagt, dass wir morgen nicht mehr aufwachen werden, und haben gelacht. Dann kam die Nacht sehr grausam auf mich zu. Leise kroch ich aus meinem Bett, um meinen Mann nicht zu wecken und zu beunruhigen und mich rechtfertigen zu müssen, was mit mir los wäre.

Starke Krämpfe und Schmerzen überkamen mich und mein Magen und Darm waren im Alarmzustand. Ich bekam große Angst und dachte: „Gott, muss ich jetzt abdanken? Ist jetzt meine Zeit zum Sterben gekommen? Ich darf jetzt nicht sterben, es wäre schrecklich, wenn mein Mann morgen in der Früh ins Bad kommt und mich hier steif und tot findet."

Die Stunden waren sehr lang, schmerzhaft und ich musste mich mehrfach übergeben. Dann sagte eine Stimme zu mir: „Geh ins Bett und ruhe dich aus. Es wird alles gut werden." Ich sprach dazwischen und sagte der Stimme: „Ich darf jetzt nicht ins Bett gehen und einschlafen, dann wache ich nie wieder auf." Die kräftige, aber dennoch sanfte Männerstimme sagte mir, dass ich nicht sterben werde, weil ich noch viel zu tun hätte. Das heißt, dass ich noch eine Mission auf der Erde habe.

Völlig geschwächt bin ich ins Bett gekrochen und schlief sofort ein. Am nächsten Morgen war ich wieder fit wie ein Turnschuh. Später habe ich dann erfahren, dass der rohe Verzehr von Holunderbeeren tödlich sein kann. Ich hatte eine sehr starke Blausäurevergiftung. (Cyanid). Mein Glück war, dass ich die Kerne nicht mitgegessen habe.

So kann man durch Leichtsinn sein Leben beenden!

Verlust einer geliebten Freundin (Anne)

Sie war ein hilfsbereiter, herzensguter Mensch und hat ganz vielen Menschen geholfen. Wie ich zu Beginn meines Buches erwähnte, war sie diejenige, die mich in die Medialität und geistige Welt eingeführt hat. Sie hat mich auf meinem Weg begleitet und hat mir geholfen, an mich zu glauben, an meine Talente und Gaben.

Anne hatte eine sehr starke Verbindung zu Jesus Christus. Sie hat gerne davon erzählt, wie sie von Jesus mit Wundern, Geschehnissen und Liebe beschenkt wurde. Anne war wie ein Engel auf Erden.

Für jemanden, der Hilfe benötigte, stand sie sofort mit Rat und Tat zur Seite. Stets war sie bereit, für jeden das letzte Hemd zu geben, damit die anderen es gut haben. Trotz vielen Ausnutzungen und Verletzungen mit Worten durch Menschen, die ihr nahe standen, und trotz Situationen, die sie erleben musste, half sie trotz alledem den Menschen und sagte: „Ich vergebe dir mit Licht und von Herzen mit all meiner Liebe". Dies sagte sie, damit die betroffene Person ihren Seelenfrieden findet.

Zu Lebzeiten sagte Anne zu uns Freunden, dass sie gerne während des Schlafens sterben würde, und so geschah es dann auch. Sie zeigte mir, wie sie von uns gegangen war. Es ging alles sehr schnell, sie wachte aus dem Schlaf auf, wie aus einer Narkose, und dachte, dass sie träumte. Jesus fragte sie: „Annemarie, bist du bereit für die Heimreise?" Anne hat nicht lange überlegt und „Ja" gesagt. Anne hatte auch gar nicht lange Zeit zum Überlegen, da es ihr ständiger Wunsch gewesen war, mit Jesus in aller Liebe verbunden zu sein.

Dann kamen zwei Lichtengel, um sie zu begleiten, und sie hat ihre Hände waagerecht ausgestreckt und wurde mitgenommen. Während ich diese Zeilen in meinem Garten schrieb, roch ich einen intensiven Räucherstäbchenduft. Genau dieser Duft war immer in ihrem Zimmer zu riechen. Anne war hier und zeigte ihre Präsenz.

Sie hat eine sehr große Lücke bei uns hinterlassen, sie war ein sehr liebenswerter und humorvoller Mensch. Liebe Leser, ihr wisst, wie es ist, einen lieben Menschen oder ein liebes Tier zu verlieren.

Am nächsten Morgen bat sie mich, ein bestimmtes Lied, das ich auf meinem Handy gespeichert hatte, an alle zu senden, die mit ihr eng und stark verbunden waren und sie geliebt hatten. Ich war mir nicht sicher, ob ich das richtige Lied wusste und so sandte Anne mir Zeichen durch wackelnde und flackernde Lichter. Es war Semino Rossis „Rot sind die Rosen".

Mit Humor sagte sie mir: „Na ja, die roten Rosen sind nicht meins. Ich liebe weiße und pastellrosafarbene Rosen. Es geht nur um den Text des Liedes." Mit dem Lied wollte sie sich bei all ihren Freunden, Familien und lieben Klienten bedanken. Sie wollte durch dieses Lied ihre Liebe für alle zum Ausdruck bringen, wo sie es nicht mehr geschafft hatte, weil sie an einer Lungenembolie litt, der zum Herzinfarkt führte.

Anne hat unsere Herzen berührt und wunderbare Fußabdrücke auf der Erde hinterlassen:-)

„Danke Anne!". Vielen Dank, dass du uns in dein Leben und in dein wunderbares Herz hineingelassen hast.

Friede sei mit dir.

* * *

Die schwierigen Zeiten in unserem Leben sind die besten Gelegenheiten, Stärke zu entwickeln. „Es gibt nur zwei Tage im Jahr, an denen wir nichts machen können. Der eine heißt „gestern" und der andere heißt „morgen". Das bedeutet, dass heute der richtige Tag zum Lieben, zum Glauben und in erster Linie zum Leben ist. Unsere wahre Aufgabe ist es, glücklich zu sein." Verbringen wir jeden Tag auch ein bisschen Zeit mit uns selbst ...

Kurze Begegnung

Eine ganz kurze. Meine Mutter lebt mit mir im selben Haus und hat eine eigene Wohnung. Zurzeit ist sie für eine Weile verreist, sodass die Wohnung leer ist.

Eines Nachmittags war ich allein zuhause und nutzte die Zeit, um weiter an meinem Buch zu schreiben. Mein kleiner Hund lag gemütlich auf einem Kissen neben mir. Die Wohnung meiner Mutter befindet sich im ersten Stock, und im Haus war es ruhig und entspannt. Plötzlich hörte ich Geräusche aus der Wohnung meiner Eltern bzw. meiner Mutter, so als ob jemand Töpfe aus dem Schrank nimmt und die Deckel öffnet und wieder daraufsetzt.

Außerdem hörte ich etwas, dass sich anhörte, als ob jemand eine mit Wasser und Edelsteinen befüllte Karaffe umrührt, so wie es meine Mutter immer macht, wenn sie da ist. Mein Hund wurde aufmerksam und spitzte die Ohren, also ging ich in den ersten Stock in die Küche meiner Mutter. Ich bekam Gänsehaut und spürte, dass mein verstorbener Stiefvater anwesend war.

Voller Humor sagte er zu mir, dass er in die Töpfe geschaut hat, weil schon lange niemand gekocht hatte. Zu Lebzeiten hat er auch gerne in die Töpfe geschaut, um zu sehen, ob etwas Leckeres gekocht worden war. Dann sagte er: „Das einzig Wichtige im Leben sind die Spuren der Liebe, die wir hinterlassen, auch wenn wir gehen müssen, dann herrschte absolute Ruhe."

Klientin Monika

Eine meiner Klientinnen, Monika (Name wurde geändert), kam eines Tages zu mir. Weinend und völlig aufgelöst sagte sie, dass sie nicht mehr weiterkönnte und ihre Ängste sehr stark sind. Ich bat sie in mein Behandlungszimmer und erklärte ihr kurz, was wir machen würden.

Ich muss noch einmal erwähnen, dass ich keine Psychotherapeutin bin, sondern dass ich nach Gefühl und göttlicher Führung arbeite.

Monikas Erlebnisbericht der Behandlung

Ich suchte bei Eva Hilfe und wusste nicht, was auf mich zukommt. Ich dachte mir nur, dass es nicht noch schlimmer werden konnte, als meine emotionale Verfassung gerade ist. In ihrem Behandlungszimmer spürte ich eine andere Energie. Diese Energie war wohltuend und so nahm ich bequem Platz. Ich hörte Evas Stimme, schloss die Augen und wurde mit der Mutter Erde zentriert. Deutlich spürte ich, wie die Erdenergie durch meinen ganzen Körper vibrierte, und ich musste tief ein- und ausatmen, dabei entspannte ich mich sehr.

Mein Gesicht glühte voller Energie und mein Körper wurde so leicht wie nie zuvor. Glückseligkeit umarmte mich, und ich musste bitterlich weinen, aber nicht vor Angst oder Schmerzen, sondern weil ich Liebe verspürte.

Vor meinen Augen entstand ein dunkler Schatten, ich nehme an, dass es meine Angst war, die ich am Anfang hatte. Aber dann entstand etwas Wunderschönes. Helles Licht brachte mich zum Schweben und Fliegen. Ich sah, wie ich aus meinem Körper herauskam, ein befreiendes Gefühl, ein Gefühl sich neu zu verlieben. Die Kraft der Energie war sehr präsent.

Ich befreite mich von negativen Energien und Belastungen in Verbindung mit meiner Familie sowie von fremden Energien und Ängsten, die mich in Form von Sorgen geprägt hatten. Ich fühlte mich leicht und frei. Eva ging aus dem Behandlungszimmer raus und sagte zu mir, dass sie mich kurz allein lassen würde. In diesem Moment spürte ich, dass ich nicht allein bin. Ich fühlte, dass meine verstorbene Mutter anwesend war. Diesen Moment werde ich niemals vergessen. Dieses Gefühl kann man mit Worten schwer beschreiben, einfach nur göttlich. Ich habe Frieden mit mir und in mir geschlossen, dann war es an der Zeit, die Augen zu öffnen.

Heute bin ich ein anderer Mensch, ich bin selbstbewusster und habe Selbstwertgefühl. Ich lebe mein Leben mit Leichtigkeit und Freude. Ich liebe und akzeptiere mich, wie ich bin. Eine schwere Last, die mich lange Zeit geprägt hat, ist von mir einfach abgefallen. Ich denke positiv und mache das, was mir Spaß macht. Ich danke für die Erfahrung und Arbeit ... Danke!

Meine Erfahrung mit der geistigen Welt: Was ich erlebt habe, möchte ich gerne erzählen

Mein Name ist Sonja.

Es war gegen Mittag an einem sonnigen Tag, und ich machte mich auf den Weg zu Eva nach Hause. Einige Monate zuvor hatte sie mich gefragt, ob ich gerne einmal eine Rückführung erleben möchte. Ich stimmte zu und sie sagte zu mir, dass sie mich dann demnächst ansprechen will.

Die Begrüßung an der Tür fiel wie immer sehr herzlich aus, und ich war etwas nervös. Zunächst gingen wir in ihr Wohnzimmer und besprachen einige Dinge, und nach einiger Zeit begaben wir uns dann nach oben in ihr Heilungszimmer. Sie zündete eine Kerze an und breitete einige Kissen auf dem Boden aus. Dann machte sie stimmungsvolle Musik an und bat mich, mich auf dem Boden hinzulegen, sodass ich es bequem hätte und um völlig zu entspannen. Ihr kleiner Hund Barny legte sich neben mir hin und sie deckte mich mit einer Decke zu.

Dann führte sich mich mit ihrer Stimme und bestimmten Anweisungen auf die geistige Ebene.

Zunächst war es für mich schwierig, mich auf diese Dinge einzulassen, da ich von Natur aus ein Mensch bin, der ungern seine Kontrolle abgibt, aber dann, mit Evas Hilfe, gelang es mir.

Ich atmete also tief ein und aus und begab mich auf mentaler Ebene auf eine Reise in mein früheres Leben. Ich konnte erst nicht so recht erkennen, wo ich mich befand, aber dann spürte ich das Gras unter meinen Füßen und ging auf einen gläsernen Fahrstuhl zu. Ich stieg in den Fahrstuhl ein, wie es Eva mir vorgab. Ich drückte den Knopf der höchsten Zahl und die Fahrt ging nach oben los. Im Fahrstuhl funkelten weiße Kristalle und Edelsteine. Ich spürte, dass ich nicht allein war.

Dann stieg ich aus und ging auf eine Korridortür zu. Ich öffnete den Raum und in der Mitte stand zu meinem Erstaunen eine große Holztruhe. Ich wurde aufgefordert, sie zu öffnen. Das Merkwürdige an der ganzen Angelegenheit ist, dass ich kurz vor dem Öffnen schon irgendwie wusste, was sich in ihr befinden würde.

Eva führte mich wie bereits gesagt. Die ganze Zeit war sie bei mir, sodass ich mich sicher und geborgen fühlte. Ich nahm also die Dinge, die sich in der Truhe befanden, heraus und ging weiter. Ganz genau kann ich mich heute zwar nicht mehr erinnern, was ich alles erlebte, aber ich bemühe mich, die für mich wichtigen Dinge zu erwähnen.

Ich war jetzt ein Junge, anhand der Kleidung befand ich mich im 19. Jahrhundert. Als ich in die Truhe sah, befanden sich darin ein Netz, eines zum Angeln oder zum Schmetterlingefangen, und ein Eimer. Ich nahm die Sachen aus der

Truhe heraus und ging weiter, um zu sehen, was passieren würde. Also ging ich weiter und befand mich auf einer Wiese. Vor mir lag ein Fluss mit einer Brücke. Ich ging auf die Brücke zu und betrat sie. In der Mitte angekommen, schaute ich in das Wasser des Flusses. Dann ging ich hinüber ans Ufer. Eva fragte mich, ob ich ins Wasser gehen und tauchen würde, aber davor hatte ich Angst, und so verließ ich den Fluss und ging zu einem großen Baum in der Nähe.

Dort flog ein kleiner Marienkäfer entlang, und ich setzte mich für einen Moment an den Baum. Dann sah ich mich um und ein kleiner Hund kam auf mich zugelaufen. Nachdem ich aufgestanden war, ging ich zusammen mit dem Hund in Richtung eines kleinen Dorfes.

Dort begab ich mich in ein kleines Haus, aber es war nicht mein Zuhause, sondern das Haus eines Fremden. Ich schaute mich in dem Haus um und ging nach einiger Zeit mit unbehaglichem Gefühl in den Keller. Dort war es zwar dunkel, aber trotzdem konnte man alles erkennen. Ich sah am Ende des Ganges eine Tür und öffnete sie. Es war ein Vorratskeller und die Regale waren voll mit Gläsern, in denen verschiedene Sachen waren. Ganz hinten stand ein großes Glas mit Eiern, und als ich es öffnete, steckte ich, warum auch immer, meine Hand hinein, und unter den Eiern befand sich eine Kröte.

In diesem Moment erschrak ich, und plötzlich stand ein älterer Mann hinter mir. Es war der Besitzer des Hauses und daran konnte ich mich auf einmal erinnern. Meine Mutter hatte mich zu ihm geschickt, damit ich bei ihm als Gärtner anfangen sollte. Wir gingen gemeinsam hoch in seinen Garten hinter seinem Haus, und ich sagte ihm, dass ich nicht als Gärtner bei ihm anfangen würde und dass keiner mich dazu zwingen kann. Ich sagte zu ihm, dass ich lieber ein Fischer werden wollen würde, weil ich Gartenarbeit hasse. Dann ließ ich ihn stehen und begab mich zum Haus meiner Mutter.

Meine Mutter war in unserem Haus, und als ich eintrat, schaute sie mich mit großen Augen an. Dann sagte ich ihr, dass ich wie mein verstorbener Vater zur See gehen wollte. Ganz entsetzt schaute sie mich an.

Das ignorierte ich jedoch und schaut mich ein wenig in dem Haus um. Da waren Bilder von meiner Mutter und meinem Vater in jungen Jahren, auf denen sie glücklich aussahen. Eine Zeit lang redete meine Mutter noch auf mich ein, sie meinte, dass sie mich nicht gehen lassen würde. Sie redete immer wieder auf mich ein, dass ich als Gärtner arbeiten soll. Sie sagte, wenn ich gehe, dann wünsche sie mir, dass ich niemals glücklich werde. Ich war wütend und enttäuscht, weil meine Mutter so etwas Schreckliches sagen konnte. Mit erhobenem Kopf ging sie aus dem Haus.

Ich blieb allein in dem Haus zurück und schaute mir noch einmal alles an, bevor ich hinausging. Ich sah, wie gebrechlich die Mutter war.

Dann sagte ich ihr, dass sie mich nicht zwingen kann, ihren Wunsch zu befolgen. Irgendwann brach sie dann zusammen und sagte mir, dass sie mich nicht auch verlieren will wie meinen Vater und dass sie deshalb wolle, dass ich Gärtner werde, damit ich bei ihr bleibe. Sie habe mich verflucht, weil sie in so jungen Jahren ihren Mann verloren hatte. Deshalb wollte sie nicht, dass ich glücklich werden würde. Erst einmal war ich sprachlos und dann verstand ich und alles wurde klar.

Das Einzige, was ich noch machen konnte, war ihr zu vergeben und ich und meine Seele wurden von dem lange bestehenden Fluch befreit.

Nach einem mentalen Zeitsprung war ich erwachsen und hatte eine Frau und Kinder. Es lag ein Konflikt in der Luft, und meine Frau handelte in etwa so, wie meine Mutter in meiner Kindheit. Jahre waren vergangen und einer unserer Söhne wollte einen anderen Beruf ergreifen, als meine Frau es für richtig hielt. Ich erinnerte mich an meine Kindheit und sagte ihr, dass er das machen solle, was ihn glücklich macht.

Wieder vergingen mehrere Jahre und ich sah mich als sehr alten Mann in einem Bett liegen. Meine Frau war nicht unter den versammelten Kindern und Enkelkindern, sodass ich davon ausging, dass sie schon verstorben war. In der Ferne sah ich ein helles Licht auf mich zukommen und dann befand ich mich auf der anderen Seite und war sehr glücklich. In einiger Entfernung sah ich meine Frau und auch meine Eltern stehen. Dann verblasst die Erinnerung, und ich befinde mich wieder vor dem Fahrstuhl.

Klar und deutlich höre ich Evas Stimme, dass es Zeit ist, in den Aufzug zu steigen und den Knopf zu drücken. Ich machte mich auf den Weg, so, wie sie es mir gesagt hat. Ich bin auf einmal nicht mehr allein. Als ich den Fahrstuhl verlasse, habe ich einen Helfer neben mir, der zwar irgendwie während der ganzen Zeit da war, aber erst jetzt kann ich ihn richtig erkennen.

Es fällt mir nach wie vor schwer, ihn zu beschreiben, aber ich werde es versuchen. Mein Helfer sah aus wie ein Kleinwüchsiger. Ein kleiner Mann mit einem großen spitzen Hut. Ein Zauberer wie aus einem Harry-Potter-Film.

Dann ging ich wieder durch den Gang und auf eine Tür zu. Hinter der Tür war der Raum, wo sich die Holztruhe befand. Ich legte meine Sachen wieder hinein und dann stand ich wieder als Frau da. Ich ging wieder einen hellen Weg entlang und spürte Gras unter meinen Füßen. Langsam kehrte ich in die Wirklichkeit zurück und lag wieder in Evas Zimmer auf dem Boden mit einem schlafenden Barny neben mir. Eva schaute mich an und fragte, wie ich mich fühle. Ich war gerührt und mir liefen die Tränen übers Gesicht. Dann mischte Eva spezielle Karten und forderte mich auf, eine zu ziehen. Ich zog Mato, den Bären. Sie sagte mir, dass dies eines meiner Krafttiere ist und er mir Kraft und Stärke gibt.

Dass diese Rückführung einen speziellen Grund hatte, sollte ich noch erklären. Ich habe jahrelang mit schlechten Beziehungen und Freundschaften gelebt und einfach nicht verstanden, warum ich so ein Pech habe. Doch durch diese Rückführung wurde mir gezeigt, dass meine Mutter mich verflucht hatte, weil sie ihren Mann so früh verloren hatte und deshalb nicht wollte, dass ich als ihr Kind glücklich werde.

Das Interessante daran ist, dass ich auch heute, in meinem jetzigen Leben, Gartenarbeit abgrundtief verabscheue. Schon merkwürdig, wie unsere Leben miteinander verknüpft sind.

Durch diese Rückführung und Evas Hilfe konnten die alten Flüche und Bänder gekappt werden und seitdem geht es mir auch gesundheitlich viel besser. Seit Jahren leide ich an Psoriasis, eine Krankheit, die gerade durch seelischen Stress noch verstärkt wird. Ende 2019, Anfang 2020 habe ich eine sechsjährige Beziehung beendet, die mir viel Kraft geraubt hat und in der ich nur ausgenutzt wurde. Was soll ich sagen, seit einem Monat geht es meiner Haut viel besser als noch vor einiger Zeit. Ich denke, dass Eva recht hat, wenn sie sagt, dass man seine Seele reinigen muss, um glücklich und gesund zu sein.
DANKE :-)

Die Klientin negativ

Heute hatte ich eine energetische Attacke von einer Klientin. Die Person hatte noch einen Betrag offen und so fand ich in meinem Briefkasten einen Umschlag mit dem Geld und einem kleinen Zettel. Darauf standen ein paar Worte des Danks.
Nach dem Öffnen des Kuverts veränderte sich die Energie rapide. Es wurde stickig, schwer und attackierte meinen Hals, so als ob man mir eine Schlinge um den Hals legen würde, die immer enger wurde. Mein Brustkorb wurde auch immer enger, und ich fühlte mich wie unter Lehm gepresst, der zum Trocknen ausgelegt wurde.

Obwohl das Geld nur ein Schein war, zog es meine Hand ganz schwer in die Tiefe, als ob ich ein paar Kilo halten würde. Meine Reaktion darauf war, die dunkle Energie auszuräuchern und schnell mit einem Ritual, die negative Energie zu entlassen. Also versuchte ich so schnell wie möglich den Zettel zu verbrennen.

Der Zettel aus dem Umschlag wollte sich erst beim dritten Versuch verbrennen lassen. Was ich damit sagen will, ist, dass die Person nicht ehrlich war. Ihre Taten und ihre geschriebenen Worte kamen nicht von Herzen, sondern waren voller Wut und Hass, weil ihr Leben nicht so ist, wie sie sich es vorgestellt hat. Sie fühlt nur Neid und Leid.

Ich weiß nicht, ob diese Person in vollem Bewusstsein oder im Unbewussten gehandelt hat. Ob sie mir durch ihr Handeln schaden wollte, um durch meine Energie hindurchzudringen und mich zu schwächen. In dem Moment, wo alles gereinigt und die negative Energie entlassen worden war, war in meinem Haus ganz leichte saubere Energie zu spüren.

Ich kann schon verstehen, dass manche Menschen von ihrem eigenen Leben enttäuscht sind, aber niemand ist für das Leben eines anderen verantwortlich. Jeder ist für sich selbst verantwortlich.

Der Anfang für ein besseres Leben ist, an sich selbst zu arbeiten. Man muss sich selbst kennenlernen, um zu erkennen, wer man wirklich ist und was man auf der Erde bezwecken möchte. Weshalb man hier geboren wurde.

Der Traum

Im Dezember hatte ich nachts einen Traum. Eine Stimme sprach zu mir über einen Namen, den ich sehr deutlich hörte, aber vorher noch niemals gehört hatte. Schnell nahm ich mir einen Stift und schrieb den Namen auf. Früh am nächsten Morgen versuchte ich im Internet herauszufinden, was der Name bedeutet und wem er gehörte.

Nach ein paar Stunden Recherche wollte ich schon aufgeben, aber mein starker Wille forderte mich auf, weiterzumachen. Noch immer wusste ich nicht, warum mir im Traum dieser Name genannt wurde und was er zu bedeuten hatte.

Der Name lautete: Leo F. Endlich fand ich ihn. Der Mann war Solist in einem Männerchor. Der Titel des Liedes, das er sang, hieß „All night, all day". Es handelte vom Schutz der Engel.

Weiterhin wusste ich nicht, was das Ganze sollte und was die höheren Mächte mir damit sagen wollten.

In der nächsten Nacht so gegen 4:00 Uhr wurde ich wach und musste zur Toilette. Zurück im Schlafzimmer habe ich am Fenster die Jalousien etwas hochgezogen und mir nichts dabei gedacht, dass es etwas heller war als sonst. Da sehr starker Wind ging, dachte ich mir auch nichts dabei, dass die Lampen vom Bewegungsmelder ständig an und aus gingen.

Ich legte mich zurück ins Bett, als in dem Moment mein Mann aufwachte und sagte, dass es merkwürdig hell für diese Uhrzeit ist. Er stand auf, ging zum Fenster, schaute heraus und schrie: „Feuer!" Die Flammen schlugen schon sehr hoch aus unserer Mülltonne und waren sehr stark. Die Mülltonne war schon komplett verbrannt und der Pfosten des Schuppens, wo wir Holz lagern, fing auch zu brennen an.

Aus welchem Grund auch immer waren wir zum Glück wach geworden, sonst hätte die ganze Sache übel ausgehen können. Der erste Schock war sehr groß, aber dann verstand ich, was mir die höheren Mächte sagen wollten. Nämlich dass unser Schutzengel immer da ist und über uns wacht.

Wieder einmal wurde ich auf die Probe gestellt. Durch den Traum, den unbekannten Namen und den Titel wurde mir gezeigt, meine Augen und Ohren immer offenzuhalten. Wir Menschen werden ständig auf die Probe gestellt, weil wir vieles übersehen. Oftmals sehen wir die feinen, zarten Energien nicht mehr, weil unsere Welt dicht ist, mit groben Strukturen, die voll von Leid, Schmerz, Hass und anderen Dingen sind.

Die Vergangenheit

Leben in diesem Moment

Das Erfolgsrezept

Die Energien, die an die Oberfläche kommen, sollten wir bearbeiten und auflösen. Nur dann hat unsere Vergangenheit einen wirklichen Nutzen für uns. So gesehen ist unsere Vergangenheit sehr wertvoll und natürlich eine Lektion für uns. Sie sorgt dafür, dass unsere Themen bearbeitet und aufgelöst werden. Dadurch können wir uns weiterentwickeln und die nächste Stufe erklimmen.

Eine wichtige Rolle spielt für uns dabei die Gegenwart. Unser Leben im Hier und Jetzt. Nur das zählt. Alles andere ist entweder Vergangenheit, also vorbei, oder Zukunft und noch nicht geschehen. Träume also nicht irgendwelchen Luftschlössern hinterher und vergrabe dich nicht länger in deiner Vergangenheit, das bringt dich nicht weiter.

Hole dir deine Aufmerksamkeit in diesen Moment und nutze deine Chancen. Sei aufmerksam und wachsam. Dein

Leben findet jetzt statt. Genau in diesem Moment. Das heißt, die Vergangenheit verarbeiten und die Zukunft nicht weit im Voraus planen. Dein Leben ist hier und jetzt. Das ist der Erfolg deines Tuns!

Unsere Vergangenheit dient dazu, uns zu zeigen, was bei uns noch im Ungleichgewicht ist. Alles, was wir erleben, haben wir irgendwann selbst verursacht. Das bedeutet, dass wenn wir in der Vergangenheit etwas getan oder in unseren Gedanken erschaffen haben, werden wir es vielleicht erleben. Ob es uns gefällt oder nicht. Wenn es Dinge betrifft, die uns gefallen, stört es uns ja auch nicht. Nur bei Situationen, die uns nicht mehr gefallen, traurig machen, fangen wir an, uns ins Mitleid zu stürzen. Und genau das lassen wir künftig. Verbinde dich, nimm Kontakt mit dir selbst auf. Deine Seele wird dir dankbar sein. Dein Unterbewusstsein weiß, was Sache ist.

Alles, was uns ab jetzt in unserem Leben begegnet, auch wenn es noch so unangenehm sein mag, lösen wir auf. Ein Beispiel davon ist Folgendes:

Wir atmen die Liebe unsere Seele im Energiefeld unseres Körpers ein. Wir sorgen somit dafür, dass die negative Energie sich auflöst und sich verabschiedet. Es gibt schöne und erfolgreiche Übungen.

Unsere Zukunft bereiten wir vor, das bedeutet, dass wir uns alle Ziele, die wir uns setzen, in schönen Farben vorstellen. Wir denken und fühlen das Ziel, so als ob wir es schon längst erreicht haben. Wir nehmen das Ziel sozusagen mit in unsere Gegenwart. Wir fühlen unser Ziel schon jetzt in diesem Moment.

In unserer Vorstellung haben wir unser Ziel schon erreicht. Wichtig dabei ist, dass wir das Ziel nicht nur visualisieren, sondern das Ziel von ganzem Herzen fühlen, so als ob wir es schon haben.

Dieses Geheimnis ist so alt und doch setzen es nur erfolgreiche Menschen ein. Denn einfacher kann man das Leben nicht gestalten. Nimm dir jeden Tag Zeit, deine Vergangenheit zu beatmen und deine Zukunft in die Gegenwart zu holen. Und du wirst sehen: Schon in kurzer Zeit verändert sich dein Leben. Es wird schöner und strahlender, so, wie du es dir vorgestellt hast. Danke!

Sprüche

Glück ist, wenn der Verstand tanzt, das Herz atmet und die Augen lieben!

Aufmerksamkeit gibt Energie, Absicht schafft Verbindung!

Glück wird niemals weniger, wenn es mit anderen geteilt wird.

Dein Seelenplan ist Dein Weg:

Mut
Energie
Vertrauen

Die Liebe

Die Liebe, nach der du suchst, ist in dir.

Liebe ist das, was du bist. Pack die Worte an der Wurzel deines Herzens und entdecke die Liebe in dir. Du bist die Quelle der Liebe. Erfahre Selbstliebe.

Sich selbst zu lieben, heißt nicht, sich über andere zu erheben und arrogant zu sein oder sich besser zu denken als andere. Erst wenn du fähig bist, dich selbst zu lieben und zu akzeptieren, so wie du bist, dann kannst du auch andere bedingungslos lieben. Wenn man sich selbst liebt, kontrolliert man keine anderen Menschen und ist genügsam. Du befreist dich von unnötigem Ballast.

Gleiches zieht Gleiches an und jedes Organ hat eine Seele ...

Wenn ich nicht nach innen gehe, gehe ich leer aus. Denn das Leben gibt das, was ich mir selbst gebe.

Körpersprache wird nicht ausgesprochen, sondern ausgestrahlt.

Wenn wir dankbar sind für alles, was wir haben, dann macht sich für uns das Ego frei. Dann sind wir offen für den Dimensionenaustausch mit dem Universum.

Was wir sind, sind wir durch unseren Körper. Der Körper ist der Handschuh der Seele und seine Sprache das Wort der Seele.

Jede innere Bewegung, die Gefühle, Emotionen und Wünsche, drückt sich durch unsere Körpersprache aus.

Positive Gedanken sind wie Samenkörner für dein Glück. Du erntest das, was du gesät hast ...

Zuversicht in dunklen Zeiten

Menschen, die von Furcht getrieben werden, betrachten die Welt aus einem falschen Blickwinkel. Furcht erzeugt Unsicherheit und Begrenztheit, daher bringt sie viele negative Situationen mit sich.

Wenn wir Angst haben, fühlen wir uns allein und von der Welt getrennt. So beschränken wir uns selbst und unsere Stärke. Wir müssen aufhören, die Welt mit einem „Armutsbewusstsein" zu betrachten – Mitgefühl ja, aber ohne Mitleid, denn Mitgefühl kommt von Herzen und Liebe, wohingegen Mitleid von Leid und von Schmerzen kommt und das ist nichts Gutes.

Kontrolle ist das zweite Gesicht der Angst, sie agiert bei schwachen, verängstigten Menschen, die kein Vertrauen mehr haben, weder zu sich selbst noch zum Göttlichen. Wie ich in einem Abschnitt erwähnte: Die Kraft der Gedanken entsteht.

Öffnen wir unseren Geist für das unglaubliche, grenzenlose Universum, dann nehmen wir teil am aktiven und endlosen Energiefluss, den das Leben für uns bereithält. Wir lieben das Leben, wenn unser Selbstbewusstsein zunimmt und erfahren unsere Aspekte des Lebens. Wenn wir zulassen, unser Leben positiv bewusst zu leben, dann erscheinen auch die außergewöhnlichen Dinge plötzlich ganz natürlich.

Bestimmt fragen Sie sich jetzt, wie man Alltagsprobleme bewältigen kann. Rufen Sie die Engel, geistige Führer und liebe Menschen auf der anderen Seite. Sie warten nur darauf, uns zu Hilfe zu eilen. Wir besitzen die Fähigkeit, unsere innere Quelle anzuzapfen. Bleiben Sie ehrlich zu sich selbst und anderen. Manchmal ist es sehr schmerzhaft, einen Prozess in Gang zu setzen, der ein ganzes Leben verändert.

Sie wissen jetzt, dass es im Leben mehr gibt als nur unsere physische Existenz. Vertrauen Sie auf die andere Welt – Gott, das Universum oder wie Sie es auch immer nennen möchten.

Dann werden Kopf und Herz schon das Richtige tun, wenn Sie die himmlischen Helfer rufen. Unsere Aufgabe ist es, unseren Körper und Geist zu beruhigen. Unser Herz zu öffnen und zuzuhören, damit wir ihre Signale empfangen können. Glauben Sie an sich selbst, denn dann vertrauen Sie in Wirklichkeit auf Ihre eigene Bindung zur Wahrheit.

Die Energie, die nötig ist, um Ihre Wünsche wahr werden zu lassen, kann nicht frei fließen, wenn Sie Angst vor dem Ergebnis haben. Zum Beispiel bei spirituellen Entscheidungen hat Furcht keinen Platz. Sie müssen darauf vertrauen, dass es keine falschen Entscheidungen gibt (wenn es von Herzen kommt).

Jeder Entschluss führt Sie zu mehr Wachstum und zu einer neuen Bewusstseinsebene. Das kann eine große Herausforderung sein, aber mit der Zeit wird der Prozess einfacher. Wenn wir uns in schrecklichen Situationen wiederfinden, fragen wir uns oftmals, wie um Himmels Willen, wir den Mut aufbringen sollen, uns selbst nicht im Weg zu stehen. Wir müssen unserer eigenen Wahrheit folgen. Es hat keinen Sinn, den Erwartungen anderer gerecht werden zu wollen. Also zu erkennen, was für einen selbst richtig ist.

Denn Angst ist das Gegenteil von Liebe. So wie Sie sich der Liebe nähern sollten, müssen Sie die Angst hinter sich lassen. In der Liebe, also in der Harmonie und Einheit, gibt es keinerlei Angst. Wenn wir zum Beispiel ständig aus einem Gefühl der Angst heraus handeln, verurteilen wir uns unbewusst selbst und schon produzieren wir schlechte Energie. Schuld und Strafe gehen Hand in Hand und dazu kommen sowohl von der äußeren Welt die negativen und schwächenden Schwingungen als auch die negative Energie mancher Menschen. Gerade im Hinblick auf aktuelle Themen befinden wir uns in einem Hamsterrad. Das nennt man Manipulation und Sabotage unserer Gefühle.

Darum bitte ich euch, bleibt euch selbst treu und findet eure eigene Mitte und euer eigenes Mitgefühl. Wir müssen

lernen, uns und anderen zu vergeben, weil wir sonst unsere Energiezufuhr in uns unterbrechen, wodurch es zu einem
Energieverlust und einem Energiestau kommt. Außerdem
können wir dadurch empfänglich und transparent für fremde Energien werden.

Auch sexuelle Kontakte können uns für unerwünschte
Energien öffnen, weil wir ja nicht wissen, was unser Partner
in diesem Moment denkt und fühlt. Je stärker unsere Liebe
zu uns selbst ist, je mehr wir uns selbst respektieren, desto
gesünder und glücklicher werden wir. In diesem Zustand ziehen wir automatisch Energien der höheren Ebene an.

Wie Sie die Zeichen erkennen (negative Energien)

Jeder Mensch ist anders: Wie können Sie feststellen, ob
Sie fremde oder eigene negative Energien aufgenommen haben, die nicht zu Ihnen gehören?

Im Folgenden finden Sie einige Symptome, die Ihnen zeigen, dass negative Einflüsse auf medialem Weg in Ihr Feld
eingedrungen sind.

Zum Beispiel:
- Schlafstörungen und Schlaflosigkeit
- Wiederkehrende Albträume oder Angststörungen
- Sie fühlen sich am Morgen schlapp
- Sie fühlen sich in Gegenwart bestimmter Personen oder
  an einem bestimmten Ort müde oder ausgelaugt.
- Magenschmerzen oder Magenprobleme
- Sie müssen fast schon zwanghaft an einen bestimmten
  Menschen oder Gegenstand denken.
- Sie verspüren Angst oder einen Druck, wenn Sie mit be-
  stimmten Personen oder an speziellen Orten verweilen.
- Nervenzusammenbrüche
- Kopfschmerzen, die nach ein paar Minuten auftreten,
  nachdem Sie mit bestimmten Personen gesprochen haben.
- Chronische Kopfschmerzen

- Müdigkeit, sobald Sie ein bestimmtes Gebäude, Wohnhaus oder Büro betreten.
- Chronische Erschöpfung
- Plötzliche Depressionen

Also achten Sie darauf, ob sich Ihr Körper irgendwo angespannt oder blockiert anfühlt oder ob Sie schlecht gelaunt sind. Beobachten Sie sich selbst, ob sich Ihr Verhalten ändert, wenn Sie mit bestimmten Personen oder mit bestimmten Situationen konfrontiert werden.

Es kann auch sein, dass die Situation, in der Sie sich gerade befinden, genau das Thema wieder spiegelt, welches Sie gerade abarbeiten müssen. Wenn Menschen Ärger, Wut, Eifersucht, Hass, Krankheit, Neid, Lügen und Groll auf Sie projizieren, nehmen Sie automatisch, weil Sie ohne Schutz sind, deren Energie auf.

Oftmals ist diesen Menschen gar nicht bewusst, dass Ihre eigene negative Energie über sie selbst hinausgeht und andere verletzt. Die meisten Menschen sind zu sehr mit ihrem eigenen Unglück beschäftigt. Ein Mensch, der eine negative Grundeinstellung zum Leben hat, der alles Positive leugnet und nur die dunkle Seite der Existenz sieht, sendet kontinuierlich Schwingungen in niedriger Frequenz aus. Sie breiten sich aus, wie Wellen auf einem See.

Dasselbe gilt für Menschen, die sehr ängstlich sind, vom Zweifeln aufgefressen werden und kein Vertrauen haben. In ihren Augen ist alles düster und hoffnungslos.

Ich möchte euch ein kleines Beispiel hierfür nennen.

Meine Mutter war für ein paar Monate in ihrer Heimat, in der die Pandemie auch ausgebrochen ist. Sie hat so viel negative Energie durch Informationen und Druck von außen unbewusst in sich aufgenommen, sodass sie nach einiger Zeit krank geworden ist. Allerdings nicht an Corona, sondern an starken Schwindelattacken. Dadurch hat sie sich nicht mehr getraut, am normalen Leben teilzunehmen.

Obwohl sie eine positive und starke Person ist, hat sie unbewusst mit Mitleid gedacht und gehandelt, weshalb ihr ganzer Körper so stark wegen der negativen Energie reagiert hat und außer Gefecht gesetzt wurde.

Ich versuchte, nachdem die Grenzen wieder offen waren, sie so schnell wie möglich nach Hause zu holen. Der Moment, als ich ihr begegnete, war sehr traurig für mich, und ihr Anblick war schlimm. Ich spürte, dass sie nicht dieselbe Person wie vor ihrer Abreise war. Der Wunsch, ihr zu helfen, war sehr groß. Natürlich fragte ich sie zunächst, ob sie meine Hilfe annehmen würde.

Gemeinsam haben wir zuhause am ganzen Körper eine Energiereinigung vorgenommen. Sie hat Laute von sich gegeben, die Stimme war furchterregend. Sie musste sich mehrfach übergeben. Ihre innere Stimme war verängstigt, und ich spürte eine fremde Besetzung in ihr. Heute ist sie wieder normal, glücklich und voller positiver Energie.

Ahnenlinie

Wie die Schamanen sagen: Die Kraft der Ahnen ist die Kraft, die aus unserer Familie stammt. Unsere Wurzeln sind wie ein Baum. Waren unsere Ahnen stabil und kraftvoll, werden wir auch stabil und gesund sein. Es ist wichtig zu erfahren, wie unsere Vorfahren waren, damit unsere Familienwurzeln tiefgehend heilen können.

In manchen Familien läuft einfach alles schief, ohne dass die Personen wissen, warum und welche Ursachen dahinterstecken. Es kann sein, dass in der Ahnenlinie folgende negative Situationen vorgekommen sind wie zum Beispiel Flüche,

Blockaden, Verschwörungen, Neid, Leid, Krankheiten, Dramen, Unfälle, Wut, Hass, Schwüre, Vergewaltigung etc.

Dann ist es am besten, einen Experten aufsuchen, um das Drama aufzulösen, zu reinigen und zur Heilung zu bringen, damit man wieder stabil und frei in sein eigenes Leben kommt. Stellen Sie sich einen wunderschönen, gesunden, saftigen und grünen Baum vor. Dieser Baum hat genug Nahrung an Lebensenergie und deswegen hat er gesunde Wurzeln, weshalb sich die Krone des Baumes prachtvoll entwickeln kann.

Genauso so ist es mit uns Menschen, der Baum symbolisiert uns. Der Rumpf ist der Körper, die Wurzeln sind unsere Füße, die Krone unser Geist und die Äste symbolisieren unsere Kinder.

Wenn der Baum einmal schwach, krank und instabil ist, weil die Vorfahren dies an ihre Erben weitergegeben haben, kann es sein, dass das Leben nicht so läuft, wie man es möchte, oder es aus den Fugen gerät. Es gibt verschiedene Arbeitsrituale mithilfe der Schamanen oder ausgebildeten Therapeuten. Diese können die Verbindung mit der Kraftquelle Ihrer Vorfahren herstellen.

Sie werden in die Zukunft Ihrer Ahnenlinie blicken, dadurch entdecken sie neue Eigenschaften wie Talente, die schon immer ein Teil von Ihnen waren, aber bisher noch verborgen waren. Sie können auch verstehen, wie das Szenario der Ahnen, zum Beispiel die Beziehung zu Geld, das Wohl ihres Partners, die Karriere und die Gesundheit beeinflusst.

Sie werden die Energie des Wohlstands in Ihre Ahnenlinie zurückbringen und ein Leben in Harmonie und voller Liebe führen. Die verlorene Lebensenergie kehrt wie eine Kraftquelle für Sie und für die Zukunft Ihrer Kinder, Ihrer Enkelkinder und Ihrer Urenkel zurück.

Durch die Führung der Schamanen oder durch einen kompetenten Therapeuten werden Sie lernen, alle tief sitzenden Muster und alle Blockaden in Ihrem jetzigen Leben aufzulösen. Durch Reinigung und Ablösung können Sie heilen.

Feedback von einem jungen hübschen Mädchen

Ich habe mich verloren und leer gefühlt. Ich fühle gar nichts mehr. So als wäre mir alles irgendwie egal. Ich habe mich gefühlt, als müsste ich alles an mir verändern. Ich habe auch wirklich gedacht, dass wenn ich fest daran glaube, ich irgendwann jemand anders sein kann. Ich hatte das Gefühl, dass niemand auf der Welt mich wirklich mag und ich einfach nur ein Nebencharakter in meinem Film bin. Als ich angefangen habe, mich zu ritzen, ging es mir sehr schlecht, und es hat mir einfach geholfen, mich zu beruhigen. Zu sehen, wie das Blut an meinem Arm herunterläuft, hat mich beruhigt. In diesen kurzen Minuten wurde mein Kopf leise und der Schmerz war weg. Der einzige Schmerz, den ich fühlte, war der in meinem Körper und nicht mehr der in meinem Verstand und Herzen.

Für diese Minuten an nichts denken zu müssen, war der Schmerz im Körper wert. Ich wollte nicht sterben, ich wollte einfach nur nicht leben und ich wollte nie geboren sein.

Da meine Oma und Eva sich kennen und mein Bruder als Kind eine erfolgreiche Sitzung bei Eva hatte, habe ich mich an sie erinnert, da ich die Begleitperson meines Bruders war. Ich spürte absolutes Vertrauen, und so stellte ich den Kontakt zu Eva her.

Als ich dann zu Eva ging, hatte ich schon eineinhalb Jahre Therapie hinter mir, und ich sah es als Versuch, etwas anderes auszuprobieren, in der Hoffnung, dass mir geholfen wird.

Direkt nach der ersten Sitzung bei Eva habe ich mich viel leichter und flexibler gefühlt.

Ich fühlte mich innerlich wie frisch gereinigt und habe mehr Platz in mir.

Heute geht es mir viel, viel besser. Durch die Sitzung bei Eva sind Prozesse in Gang gesetzt worden, die Türen geschlossen und andere Türen geöffnet haben.

Mein Feedback:

Nach der Sitzung war dem hübschen Mädchen nicht bewusst, ich nenne sie einfach so, weil sie etwas von Elfen in sich trägt, welche Auswirkungen auf sie zukommen. Was sich im Nachhinein entpuppte, war, dass sie unbewusst eine verstorbene Seele zu sich gerufen hat. Diese Seele wollte sich gut fühlen und hat sich bei ihr angeheftet, weil sie spürte, dass das Mädchen sensibel und gutmütig ist. Diese Seele hat sich von dem Leid und Schmerz des Mädchens ernährt, um weiterleben zu können.

Die verstorbene Seele hat gewusst, dass sie länger bei ihr bleiben würde, weil sie die Schwäche und Verzweiflung spürte. Das Mädchen hatte ihr Herz vor der Welt verschlossen und keinen Ausweg mehr gesehen. Wenn man sich nicht selbst wertschätzt, sucht man die Anerkennung im Umfeld.

Aktuell hat sie in ihrem Freundes- und Bekanntenkreis aussortiert, weil sie erkannt hat, wie wertvoll sie ist. Sie lebt jetzt von innen nach außen und lässt ihr Herz sprechen. Eine wertvolle Erkenntnis war, dass es egal ist, was andere Menschen von einem denken, da es um reine Selbsthilfe geht.

Wenn man von außen nach innen lebt, kommt man nicht zur Ruhe, weil man sich nicht selbst treu ist, sondern seinem Umfeld gefallen möchte. So tut man den anderen nur einen Gefallen, aber sich selbst leider nicht.

Wort zum Abschluss

Heute arbeite ich als Hypnose-Coach, Energiearbeiterin, Rückführungstherapeutin und Expertin für die Heilung des inneren Kindes.

Lieber Leser! Ich wünsche dir Ausdauer, Kraft und Willensstärke auf deinem Lebensweg. Weiterhin möge das in diesem Buch enthaltene Wissen dein Leben inspirieren.

Ich wünsche mir für dich, dass die geistige Welt dich bei allem unterstützt und dir den höchsten Segen und Schutz zur Verfügung stellt.

In Liebe Eva Raggana

DIE AUTORIN

Eva Raggana wurde 1966 in Polen geboren und lebt seit 36 Jahren gemeinsam mit ihrem Ehemann in Deutschland, wo auch die beiden gemeinsamen Kinder, ein Sohn und eine Tochter, auf die Welt gekommen sind. Sie hat zunächst die Berufsschule besucht und anschließend eine Lehre zur Malerin und Tapeziererin absolviert. Nach einer beruflichen Umorientierung hat sie zunächst als Nageldesignerin gearbeitet, um schließlich zu ihrer wahren Berufung als Energietherapeutin, Lebensberaterin und Hypnosecoach zu finden. In ihrer Freizeit geht sie gerne joggen, kocht herzhafte Gerichte und verbreitet unter ihren Mitmenschen gute Laune. Mit ihrem Erstlingswerk „Mystische Begegnungen zwischen Himmel und Erde", das im Vindobona-Verlag erscheint, möchte sie den interessierten Lesern und Leserinnen einen Einblick in die heilende Kraft der geistigen Welt geben.

DER VERLAG

VINDOBONA
VERLAG SEIT 1946

ein Verlag mit Geschichte

Bereits seit 1946 steht der Vindobona Verlag im Dienst seiner Bücher und Autoren. Ursprünglich im Bereich periodisch erscheinender Journale tätig, präsentiert sich der Verlag heute als kompetenter Partner für Neuautoren am deutschen, österreichischen und schweizerischen Buchmarkt. Engagement, Verlässlichkeit und Sachverstand – das sind die Grundpfeiler, auf denen der Verlag seit jeher sicher steht.

Sie möchten mit Ihrem Werk das vielseitige Verlagsprogramm bereichern? Der Vindobona Verlag garantiert Ihnen eine professionelle Prüfung Ihres Manuskriptes durch das Lektorat sowie eine zeitnahe Rückmeldung.

Genauere Informationen zum Verlag
finden Sie im Internet unter:

www.vindobonaverlag.com